教育部人文社会科学重点研究基地重大项目

"深化基础教育课程改革与推进素质教育的国际比较研究"研究成果

项目批准号05JJD880054

I'm Older Than You.
I'm Five!

Math in the Preschool Classroom

高瞻课程的理论与实践
——HighScope——
霍力岩　主编

我比你大，我五岁

——学前儿童数学能力的发展

[美] ｜ 安·S.爱泼斯坦（Ann S. Epstein）　　｜ 著
苏珊娜·盖斯莉（Suzanne Gainsley）

霍力岩 姜珊珊 华春沁 鲁晓艳 王丽 武茜璇 袁娟 叶丽莎　译

教育科学出版社
·北　京·

代译者序

让孩子们具有高度的热情和广泛的兴趣
——走近高瞻课程模式的理论与实践

    高瞻课程模式在我国曾被译为"高宽课程""海伊斯科普课程"等。它诞生于20世纪60年代的美国，历经半个多世纪的建构、解构与重构，已经成为当今世界学前教育领域举足轻重的优秀幼儿园课程模式。可以这样认为，高瞻课程模式是以公立幼儿园儿童为主要对象，以帮助儿童学会主动学习为基本价值取向，以系列关键经验为主要学习内容，以计划、行动和反思的活动教学为基本组织形式，旨在让孩子们对周围的自然与社会具有高度热情和广泛兴趣的一种幼儿园课程模式。在未来"基本普及学前教育""大力发展公办幼儿园"的形势下，相信高瞻课程模式会为我们思考学前教育的价值、幼儿园的本质、幼儿园课程开发和幼儿园教师专业发展等一系列重大问题提供一些有益借鉴。

一、高瞻课程模式与新时期学前教育事业的改革和发展

1. 高瞻课程模式对于深刻认识学前教育价值具有重要意义

20 世纪 60 年代，在美国"向贫穷宣战"的全国性战略行动中，著名的"佩里学前教育项目"（Perry Preschool Project）或"高瞻佩里学前教育项目"（The High/Scope Perry Preschool Program）——一项针对处境不利学前儿童进行教育干预的公立学前教育项目——在密歇根州伊普西兰蒂市（Ypsilanti，MI）诞生。高瞻课程正是这一著名学前教育项目的支柱性组成部分，它是历经多年的理论研究和实践探索形成的一整套幼儿园课程模式。从某种意义上来说，正是高瞻课程为世人熟知和公认的长效教育结果推进了我们对学前教育高效、长期和综合价值的认识。

基于对高瞻佩里学前教育项目或高瞻课程模式中学前儿童发展的长期追踪研究，权威研究者们有了关于优质学前教育效果的新发现，即优质学前教育方案在提高儿童的受教育年限和教育成就、增加国家税收、减低福利开支和预防犯罪等方面成果喜人。美国学者舒文哈特（Schweinhart，L. J.）、蒙铁（Montie，J.）等人在 2005 年对高瞻课程模式的研究中发现了优质学前教育方案对人的终生影响及其通过对人的终生影响而产生的对社会的综合影响。经过对高瞻课程模式中儿童学前教育的成本—收益分析，研究发现，在扣除了通货膨胀等因素后，每投资 1 美元到学前教育以帮助贫困儿童，便有 17.07 美元的收益，其

中 12.9 美元的收益是属于纳税人所有，4.17 美元的收益为儿童个人所有。① 特别值得指出的是，诺贝尔奖获得者赫克曼及其同事重新分析了高瞻佩里学前教育项目的相关数据后，再次确认了以上研究结果：对女性来说，高瞻佩里学前教育项目在提高教育成就、就业水平、成人经济收益以及减少逮捕率方面都产生了有益的影响；对男性来说，高瞻佩里学前教育项目对降低逮捕率和减少监禁、27 岁时的收入、40 岁时的就业以及其他经济收益方面都有长期积极的影响。② 除此之外，对佩里学前教育研究（Perry Preschool Study）的纵向追踪还发现，与使用其他课程的学龄前儿童相比，使用高瞻课程的实验组儿童在成年后（40 岁以后）的综合评估中，其学前教育的长期效应最为显著。随着高瞻课程对促进学前儿童有益、有效发展的积极意义越来越多地得到证实，高瞻课程模式的影响和发展已然跨越国界，成为有世界影响力的优秀学前教育模式。

时至今日，对佩里学前教育项目或高瞻课程模式教育效果特别是中长期教育效果的研究成果，推动世界各国对学前教育重要价值形成了高度共识，也推进了国人对学前教育价值长期性和综合性的认识。我国越来越多的有识之士已经认识到并将越来越深刻地认识到，学前教育的价值已经远远超越了个体发展和家庭和谐的民生范畴，正在与做好入学准备和实现"幼小衔接"、提高义务教育质量和提升国民综合素质等"基本实现教育现代化，基本形成学习型社会"的战略目标紧密联系在一起，并将对构建和谐社会、促进社会公平和阻断贫困代际传递等"全面实现小康社会目标、建设富强民主文明和谐的社会主义

① Schweinhart, L. J., Montie, J., Xiang, Z., Barnett, W. S., Belfield, C. R., & Nores, M. 2005. Lifetime effects: The HighScope Perry Preschool study through age 40[M]. Ypsilanti, MI: HighScope Press.

② Heckman, J. J., Moon, S. H., Pinto, R., Savelyev, P. A., & Yavitz, A. Q. 2009. A Reanalysis of the High/Scope Perry Preschool Program [EB/OL]. [2011 – 06 – 24]. http://jenni. uchicago. edu/perry_reanalysis/general – 090424 – 1808. pdf.

现代化国家"的国家命运产生重大而深远的影响。

2. 高瞻课程模式对于推动幼儿园课程改革具有积极作用

"高瞻"的英文由两个英文单词——High 和 Scope——组成，前一个词指高度的热情（high aspirations），后一个词指广泛的兴趣（a broad scope of interest），即让孩子们具有高度的热情和广泛的兴趣。同时，必须指出的是，高瞻课程模式的含义绝不仅于此。高瞻课程是儿童"主动学习""在活动中学习""在获取关键经验中学习"等世界主流学前教育理念的倡导者和践行者，有独到的且有影响力的课程价值取向、课程框架、课程方法、课程组织形式和评价体系，是理性光辉和实践智慧的相辅相成，是儿童发展与教师发展的交相辉映，是实践性课程、反思型教师和发展性评价的三位一体……可以说，尽管高瞻课程模式仍在发展过程之中，仍存在这样那样的不足和可以商榷的重大问题，但没有任何人可以否认，它是经历了时间和空间检验的优秀幼儿园课程模式，在世界主流幼儿园课程模式的舞台上占据重要地位。

《国家中长期教育改革和发展规划纲要（2010—2020 年)》提出了"基本普及学前教育""重点发展农村学前教育"的发展任务，《国务院关于当前发展学前教育的若干意见》要求做到"大力发展公办幼儿园，提供广覆盖、保基本的学前教育公共服务"。由此，在"重点发展农村学前教育"和"大力发展公办幼儿园"的现实背景下，源于美国弱势儿童教育和公立学前教育的优质幼儿园课程模式——高瞻课程模式——有着可以为我国学前教育事业发展，特别是幼儿园课程改革与幼儿园教师教育改革提供参考和借鉴的重要价值。幼儿园如何才能真正成为以普通家庭儿童为对象的公共产品或准公共产品？幼儿园教师如何才能不再进行"填鸭式"的直接授受，而真正帮助儿童学会主动学习和探究学习？幼儿园教师如何才能不再进行"分科式"的"传道、授业和解惑"，而是以关键经验、核心内容、基本能力、主要态度等组织一日活动？幼儿园教师如何才能不再让孩子们仅仅进行读写和运算的"入学准备"，而是引导并支持孩子们对自然和社会具有高度的热情和广泛的兴趣？幼儿园如何才能走出"掠夺式开发儿童大脑"的知识导向的发展主义误区，而是成为尊重生命并帮助儿童实现"快乐生活、健康成长"的可持续发展的另一个家园？……确实，幼儿园活动室成为像中小学一样的教室，还是成为回归幼儿园本源的儿童乐园，这是一个与今日学前教育改革和发展的价值取向特别是幼儿园课程改革和发展的价值取向密切相关的严峻问题。我们希望，高瞻课程模式可以为我们思考上述一系列问题提供线索和启示。

目前，高瞻教育研究基金会（The High/Scope Educational Research Foundation）在加拿大、英国、印度尼西亚、爱尔兰、墨西哥、新加坡、荷兰、韩国、南非和智利等国家均开设了全国性的高瞻课程模式教师培训中心。高瞻课程模式的基本教材和评估工具也已经被翻译为中文、阿拉伯语、荷兰语、法语、韩语、挪威语、葡萄牙语、西班牙语和土耳其语等多种语言。同时，随着全球化时代文化教育的跨国传播越来越多，高瞻课程模式也被越来越多的国家和地区广泛采用，并在越来越多的国家和地区产生快速直接的或潜移默化的影响。希望我们对高瞻课程模式的解读，特别是对高瞻课程模式的课程价值、教育内容、教育方法、组织形式、评价体系和教师发展的解读，能够为我国学前教育工作者思考新时期中国学前教育价值取向问题、幼儿园课程建构问题和幼儿园教师专业发展问题等学前教育事业发展的重大理论和实践问题有所帮助。

二、高瞻课程模式与本译丛的基本结构

基于对高瞻课程模式重要意义的认识，我们组织翻译了高瞻课程模式的系列著作。目前该丛书共包括五本，分别为：①《学前教育中的主动学习精要——认识高瞻课程模式》；②《有准备的教师——为幼儿学习选择最佳策略》；③《你不能参加我的生日聚会——学前儿童的冲突解决》；④《我比你大，我五岁——学前儿童数学能力的发展》；⑤《我是儿童艺术家——学前儿童视觉艺术的发展》。我们希望通过对高瞻课程模式中影响较大的几本著作的介绍，让大家更为深入地了解高瞻课程模式，特别是更为细致地了解：①高瞻课程模式的价值取向和基本框架；②高瞻课程模式中的教师角色；③高瞻课程模式中儿童的社会性发展；④高瞻课程模式中儿童认知能力的发展；⑤高瞻课程模式中儿童艺术能力的发展。同时我们希望帮助大家在较为准确地把握高瞻课程模式的基本要素和框架结构的基础上，借鉴他人经验，为创造出适合我国国情的学前教育课程模式汲取智慧。

1. 《学前教育中的主动学习精要——认识高瞻课程模式》

《学前教育中的主动学习精要——认识高瞻课程模式》一书以主动学习为基本线索，主要介绍了高瞻课程的四个基本要素：教学实践、课程内容、评价系统以及员工培训模式。在教学实践部分，该书详细介绍了高瞻课程模式的实践者在为儿童创设主动参与性学习经验时所使用的主要方法，包括师幼互动、室内外学习环境的创设、一日活动流程的建立、家园合作以及教师之间的有效沟通与合作的策略等。在课程内容部分，该书详细介绍了高瞻课程模式的五大内容领域（包括学习方式，语言、读写能力和交流，社会性和情感发展，身体发展和身心健康，艺术与科学）以及这五大内容领域的关键发展性指标和达成这些指标的方法和策略。在评价系统部分，本书详细介绍了高瞻课程模式中儿童评价工具和课程评价工具，如《儿童观察记录量表》和《项目质量评估量表》等。在师资培训模式部分，本书阐释了如何将主动参与式学习原则应用到成人即员工培训之中，并特别介绍了高瞻课程模式的培训内容以及保证培训质量的认证过程。

2. 《有准备的教师——为幼儿学习选择最佳策略》

《有准备的教师——为幼儿学习选择最佳策略》一书的主旨是幼儿园教师应该成为"有准备的教师"，而"有准备的教师"的基本品质是能够为幼儿选择适宜的教育策略。该书主要探讨了教师应该如何有效平衡教师指导与儿童自主学习，如何针对不同内容采取不同教学方法以有效地把教育内容传递给幼儿这一问题，为困惑于"如何教"和"教什么"的教师培训者和反思性教学实践者提供解决教学有效性问题的方法。本书的基本逻辑前提是五大内容领域有各不相同的学习目标，而同一内容领域的不同学习内容也有各不相同的学习目标，其中某些学习目标的达成主要借助儿童自主地去获取学习经验，另外一些学习目标的达成则主要借助成人主导，而上述"儿童主导"和"成人主导"的两种学习过程并非相互排斥而应同时存在并相互呼应。对于教师来说，无论是"儿童主导"还是"成人主导"的活动，教师都是要通过创造一个支持性的环境以及"脚手架"来发挥教育者的作用。本书共分为两大部分：第一部分分析了"有准备的教学"的含义；第二部分讨论了"有准备的教学"的内容，探索了有准备的教师如何推动儿童在语言和读写、数学和科学探究、社会交往技能和理解力、身体发展以及视觉艺术这五大领域的学习。

3. 《你不能参加我的生日聚会——学前儿童的冲突解决》

《你不能参加我的生日聚会——学前儿童的冲突解决》一书主要介绍了应对年幼儿童冲突的问题解决方式，书中运用大量案例帮助幼儿教育者和家长具体理解调解冲突的基本步骤。该书在对学前教育和冲突调解领域诸多方法进行整合的基础上形成了"问题解决六步法"，并对这一方法进行了较为详细的阐释，即：①冷静地接近儿童并阻止任何可能的伤害性行为；②认可并理解儿童的感情；③收集与冲突问题相关的信息；④重述并解析引发冲突的问题；⑤和冲突双方儿童共同寻找关于解决冲突的方法并共同选择一个方法；⑥做好准备给予问题解决的后续支持。作者在每一部分的写作中都融入了具体的案例，对学前儿童冲突解决的论述分析深刻、通俗易懂又易于操作。

4. 《我比你大，我五岁——学前儿童数学能力的发展》

《我比你大，我五岁——学前儿童数学能力的发展》一书旨在使教师和幼儿能够享受在数学世界中探索与发现的乐趣，并学习如何促进高瞻课程模式中五大数学关键经验——分类、排序、数字、空间和时间的发展。本书首先从整体上介绍了数学领域所包含的教学策略，即布置学习环境、计划每日日常活动、与儿童互动和如何评估幼儿五大数学关键的发展；其次介绍了教师应如何逐步指导幼儿进行数学学习，包括：开始——如何向儿童介绍某个数学活动；过程——如何在活动中扩展儿童对数学概念的探索；变化——在活动开展中其他可以使用的材料或方法；结束——如何将一个活动带入尾声；后续——在活动结束后的日子里，如何继续儿童在该数学领域的学习。同时本书还详细例举了50个学前儿童的数学学习活动，实践工作者可以实施这些活动，并可以根据每节后的诸多变化和建议激发儿童对数学的兴趣，使儿童认识到数学在日常生活中的重要地位。

5.《我是儿童艺术家——学前儿童视觉艺术的发展》

《我是儿童艺术家——学前儿童视觉艺术的发展》一书重点介绍了高瞻课程模式的视觉艺术教育理念与实践。本书首先探讨了视觉艺术在幼儿发展中的价值，在此基础上揭示了视觉艺术教育的规律、方法，并提出了一种新的艺术教育法——单项深度法。这种方法以艺术媒介为核心，分为引入、拓展、创作、反思四个阶段，强调引导幼儿在四个阶段逐步熟悉艺术媒介，用这些媒介进行艺术创作以及艺术鉴赏活动，发展幼儿的艺术感受力和艺术表现力。本书吸纳了高瞻实验幼儿园和美国与世界范围内的其他学习项目中的逸事与照片。作者在书中将理论研究与实践经验相结合，使读者能够较为容易地理解艺术在幼儿教育中的重要性。

高瞻课程模式基于"儿童是主动的学习者"这一基本理念，认为儿童在成人的支持和引导下按照自己的兴趣进行探索时，学习效果最佳。高瞻课程模式是一种强调儿童各领域发展的综合性教育方法，将学前教育各领域内容进行了整合，并将对每个领域的探索融入整体教育方法之中。高瞻课程模式的价值理念、教育内容、教育方法和教育评价等都值得我们深入了解和认真思考。

三、高瞻课程模式的主要经验

高瞻佩里学前教育项目效果惊人，长达40多年的追踪研究证实了该课程方案的有效性和优质性，这使得高瞻教育研究基金会满怀信心地在全美乃至全球推广其课程方案。正如戴维·韦卡特（David P.

Weikart）本人所宣称的，高瞻课程模式面对众多挑战都是有所准备的，因为高瞻课程模式：①有着一个具有内在一致性的理论基础；②被多年研究证明是有效的；③能在广泛的范围内应用；④在不同实践条件下的实践工作者都能够清晰地说明这个课程模式；⑤有着一个有效的教师培训系统，可以支持该课程模式在全球范围内的复制；⑥有着一个广泛定义儿童学习结果的评价系统。① 对于我们今天的幼儿园课程改革来说，高瞻课程可供借鉴的经验可能主要表现在以下几个方面。

1. 开展持续研究支撑课程发展

从 20 世纪 70 年代到现在，高瞻课程已经用其严谨的、长期的研究证明了早期学习对儿童今后生活有力的、积极的影响，并且以此来确定如何在教育体系中实施最佳的实践。40 余年来，高瞻教育研究基金会开展了多项研究与独立调查，包括高瞻佩里学前研究、开端计划的家庭和儿童经验调查（The Head Start Family and Child Experiences Survey）以及高瞻学前课程比较研究（The High/Scope Preschool Curriculum Comparison Study）等，这些研究都逐步证实了高瞻教育方案的有效性，尤其是其作为主动学习早期教育方案相对于直接教学模式的有效性。

与此同时，一直以来高瞻课程研究部门都在持续发展优化教育和评价项目质量的工具。高瞻教育研究基金会通过公共项目或私人的基金支持，以及与美国地方政府、州政府、联邦政府和其他国家的合作，从事着项目评估、课题研究和工具开发的工作，而其得到的研究结果主要是用来为幼儿、青少年和成人教育项目的设计提供依据，改善课程实践。此外，这些研究成果也致力于为政策制定者提供依据。在美国州政府、联邦政府以及国际教育机构的支持下，高瞻的研究成果也

---

① Goffin, S. G., & Wilson, C. 2001. Curriculum models and early childhood education: Appraising the relationship [M]. Upper Saddle River, NJ: Merrill/Prentice Hall, 2001: 165.

不断地用来为教育实践者、政策制定者、其他研究者以及利益相关者服务。持续研究保证了高瞻教育体系的有效性，并有助于教师在课程中成长为更加有效的教师。①

2. 秉持促进儿童主动学习的理念

科学研究表明，在整个生命周期里，大脑有不断改变、形成新连接（被称为"可塑性"）的能力。因此，在人的一生中主动学习都发挥着至关重要的作用。认知发展理论认为，儿童"建造"或者是"构建"他们的知识世界，他们通过自己与人、物、事及观念的直接经验探索出世界是如何运作的。因此，高瞻课程提出其核心精要即是主动学习，这一理念的提出正是基于科学家、心理学家及教育学家对儿童发展的理论研究。

韦卡特等人认为："儿童的知识来自他们与各种思想的互动，来自他们对物体和事件的直接经验，同时也来自他们把逻辑思维应用到这些经验的过程中。"② 在高瞻教育方案中，主动学习被定义为"幼儿通过直接操作物体，在与成人、同伴、观点以及事件的互动中，建构新的理解的学习过程"③。也就是说，在高瞻教育方案开发者眼中，没有人能够代替幼儿获得经验或建构知识，幼儿必须通过自己的主动学习获取经验并建构知识。高瞻课程方案最重要的教育目标就是通过促进儿童主动学习，通过促进儿童自我意识、社会责任感、独立意识的发

① 详见高瞻官网［2011－12－28］. http：//www. highscope. org/Content. asp? ContentId＝3.

② Weikart, D. P., & Schweinhart, L. J. 2005. The High/Scope curriculum for early childhood care and education［M］// Roopnarine, J. L., Johnson, J. E. Approaches to early childhood education. Upper Saddle River, New Jersey：Pearson Education, Inc., p. 237.

③ Hohmann, M., & Weikart, D. 2002. Educating young children：active learning practices for preschool and childcare programs. Ypsilanti, MI：High/Scope Press, p. 16.

展和有目的地设计生活，把儿童培养成自立、守法的公民。①

3. 支撑课程内容体系的 58 条关键发展性指标

高瞻课程对学前儿童教育内容的研究深入而细致，在帮助儿童发展其全部潜能方面取得了巨大的成功。高瞻课程是围绕着五个课程内容领域的 58 条关键发展性指标而展开的，这五个内容领域包括：学习方式；语言、读写能力和交流；社会和情感发展；身体发展和身心健康；艺术与科学。在这五个课程内容领域内，是可以被称为"早期教育里程碑"的 58 条关键发展性指标，这些指标为高瞻教师创设学习经验以及与儿童互动提供指导。②

高瞻课程的关键发展性指标，旨在帮助成人了解幼儿发展，进而为幼儿创设主动学习环境，提供发展适宜性的学习活动，并通过积极的师幼互动和评价，促进幼儿的主动学习和发展。所谓"关键"指这些经验是幼儿应该学习和了解的有意义的观点；所谓"发展性"指"学习是循序渐进，不断发展的"；所谓"指标"用来强调教育者需要证据来证实儿童正在学习和发展那些被认为是为入学或人生做准备的知识和技能。为给学生制订适宜的计划并评估课程方案的有效性，教师需要使课程对幼儿的影响清晰地显现出来。正如高瞻课程的设计者所说："这个课程之所以能够有所作为，是因为它让儿童有目的地、有创造性地追随他们自己的兴趣。通过这样一个过程，儿童可以发展出内在的兴趣、好奇心、智谋以及独立和责任感等品质。这样的心智习惯能让儿童终生受益无穷。"③

---

① Hohmann M., & Weikart, D. 1995. Educating young children：active learning practices for preschool and childcare programs[M]. Ypsilanti, MI：High/Scope Press, p. 299.

② 详见高瞻官网 [2011 - 12 - 28]. http://www. highscope. org/Content. asp? ContentId = 63.

③ Hohmann, M., & Weikart, David. 1995. Educating young children：active learning practices for preschool and childcare programs[M]. Ypsilanti, Michigan：High/Scope Press, p. 10.

4. 精心设计的学习环境和"计划—工作—回顾"的活动循环

高瞻课程的独特之处是确保儿童在一天之中能有自己计划活动的机会（计划是"选择的倾向"），并且对他们所学习的东西进行回顾（回顾是"通过分析来记忆"）。"计划"时间给儿童一个机会表达他们的想法和意图，培养儿童的主动性和进取心。计划有三层含义：①"计划是有目地的选择，即选择者头脑中一开始就有具体目标促使他作出某种选择"①；②计划应该从开放式选择中进行选择；③计划包括决定做什么，预测互动，找出问题，提出解决措施，理解行为与结果的关系。"工作"时间是这个活动循环中最长的一段时间。幼儿实施自己的计划时，成人不必刻意去引导他们，而要观察幼儿如何收集信息、如何与同伴互动、如何解决问题，然后加入到幼儿的活动中，激发和扩展活动，创设问题情境，并与儿童交流。"回顾"时间则包含一个整理和收拾的环节，通过这个环节，儿童可以将材料和工具分类、整理、归位并把还没有完成的工作收拾好。这个过程可以让儿童学会将物放回原处，并学习和应用分类的知识和技能。

"计划—工作—回顾"（plan-do-review）循环是高瞻课程的基础，并与儿童发展过程有着显著的正相关。②"计划—工作—回顾"这个活动循环配合小组活动时间、集体活动时间以及户外游戏时间，构成了高瞻课程的一日生活流程。"计划—工作—回顾"被认为是高瞻课程的发动机，正如课程设计者所说，"我们怎么样强调'计划—工作—回顾'这个活动流程都不为过，它确保高瞻课程这个主动学习的方法能

---

① Epstein, A. S.. How planning and reflection develop young children's thinking skills［J/OL］. Young Children, Sept. 1993.

② 详见高瞻官网［2011 - 12 -28］. http：//www. highscope. org/Content. asp? ContentId =410.

够得到成功的实施"①。计划和回顾能够锻炼幼儿的思维能力，让幼儿学会选择并做决定，规划他们自己的行为，应对复杂的挑战，并学会对他们自己的行为负责。

5. 有效的儿童评估工具和项目评估工具

持续评估是教育过程不可分割的一部分，为此，高瞻课程提供了有效的评估工具和材料以便开展对儿童和项目的评估。高瞻课程的设计者曾经说过："一个功能良好的评价儿童发展的工具可为父母和纳税人提供信息，让他们知晓对幼儿教育的哪些投资是物有所值的，同时为每一个关心儿童发展的人勾勒出儿童发展的各个维度。评价工具为早期教育和保育的目标提供了一个操作性的定义。"② 高瞻课程的评估工具包括《儿童观察记录量表》和《项目质量评估量表》等。

《儿童观察记录量表》是高瞻学前项目中用来评估儿童进步的工具。与许多其他传统的测验狭隘技能的评估体系不同，《儿童观察记录量表》重在评估发展适宜性教育项目中所倡导的广义的认知、社会情感和身体能力。《儿童观察记录量表》所展示出来的结果可以帮助教师和管理人员决定如何去改善项目，以使项目能够满足儿童的发展需求，同时满足群体中作为完整个体的儿童个性化需求。③ 高瞻课程的《项目质量评估量表》是一个有效的项目质量评估工具，共涉及七个关键领域：学习环境、一日流程、成人—儿童互动、课程计划和评估、家长参与和家庭服务、工作人员资格评定和专业发展以及项目管理。项目

---

① Hohmann，M.，& Weikart，David. 1995. Educating young children：active learning practices for pre-school and childcare programs[M]. Ypsilanti，Michigan：High/Scope Press，p. 167.

② Schweinhart，L. J.，& McNair，S. 1991. New Child Observation Record（COR）for ages $2\frac{1}{2}$ – 6. High/Scope Resource，10，5.

③ 详见高瞻官网［2011 – 12 – 28］．http：//www.highscope. org/Content. asp？ContentId = 2.

质量评估的结果可以用来反映实践的质量指标。①

四、借鉴高瞻课程经验与建构中国本土幼儿园课程模式

著名比较教育学家萨德勒（Michael Sadler）认为："我们不能随意地漫步在世界教育制度之林，就像小孩逛花园一样从一堆灌木丛中摘一朵花，再从另一堆中采一些叶子，然后指望将这些采集的东西移植到家里的土壤中便会拥有一个有生命的植物。一个民族的教育制度是一种活生生的东西，它是被遗忘了的斗争和苦难的结果，是'久远以前的战斗'的产物。其中隐含着民族生活中的一些隐秘的作用。"②

1. 教育借鉴理论与教育借鉴的本土化走向

英国著名学者大卫·菲利普斯（David Phillips）就国际间教育政策和教育实践借鉴提出过教育借鉴理论（Educational Policy Borrowing)③，其借鉴过程包括跨国吸引、决策、实施、内化或者本土化等四个阶段。④其中，跨国吸引（cross-national attraction）主要用来解释一个国家会被另一个国家的教育政策和实践吸引的内在动力和外化潜力是什么；决策（decision）主要解答的问题是外国教育产生的吸引力如何作用于本国的教育决策和实践；实施（implementation）阶段的重点在于说明从别国借鉴而来的教育政策或实践是如何在本国施行的；内化或本土

① 详见高瞻官网［2011 - 12 - 28］. http：//www. highscope. org/Content. asp? ContentId = 2.

② Sadler M. 1964. How far can we learn anything of practical value from the study of foreign systems of education？［J］. Comparative Education Review 7：307 - 314.

③ 菲利普斯提出的教育借鉴模型在于帮助人们更好地理解和解释教育借鉴的复杂过程，并不限定于教育政策领域。因此，用"教育借鉴理论"这一名称或许能够更好地概括这一理论的全貌。

④ 大卫·菲利普斯. 比较教育中的教育政策借鉴理论［J］. 清华大学教育研究，2006（2）：1 - 8.

化（internalization/indeginisation）阶段则指外来的政策或实践逐渐融为本土教育体制的一部分。以上四个阶段构成了教育借鉴的基本过程。可以说，我国幼儿园课程从无到有的百年历程就是一个向外国不断借鉴的过程——从"以日为师"到"以美为师"到"以俄为师"再到新一轮的"以美为师"——而且都或完整或不完整地经历了跨国吸引、决策、实施、内化或者本土化这四个阶段。特别是自20世纪80年代以来，我国幼儿园课程改革的历程简直就是一个西方幼儿园课程模式"你方唱罢我登场"的热闹局面，从高瞻课程到蒙台梭利教育法、到瑞吉欧的方案教学、再到近年的光谱方案，这些课程模式都曾在中国产生影响并红极一时，而且无一例外地，这些课程模式都在进入中国以后进行了本土化实践，同时也面临着本土化的困境。我们在经历跨国吸引并向外求索的过程中，获得了很多关于走向本土化的经验，也有不少教训。面对这种情况，运用教育借鉴理论理解高瞻课程模式成功经验的同时，我们不得不正视这样一个问题，即如何借鉴高瞻课程模式的主要经验，特别是如何将高瞻课程模式的主要经验有效地融入到创造我国本土化幼儿园课程模式的过程之中，并有效促进本土幼儿园课程模式的建构和发展。

2. 本土核心价值观与建构本土幼儿园课程模式

陈鹤琴先生针对20世纪二三十年代"中国幼儿教育美国化"问题指出："现在中国所有的幼稚园，差不多都是美国式的……这并不是说美国化的东西是不应当用的，而是因为两国国情上的不同。有的是不应当完全模仿，尽管在美国是很好的教材和教法，但是在我国采用起来到底有许多不妥当的地方。要晓得我们的小孩子不是美国的小孩子，我们的历史、我们的环境均与美国不同，我们的国情与美国的国情又不是一样的，所以他们视为好的东西，在我们用起来未必都是优良的。"①

经过 30 余年的改革和开放，中国学前教育在借鉴和探索中已经彻底改变了 20 世纪 50 年代以来的幼儿园分科课程的模式，儿童的终身学习和可持续发展已成为学前教育课程的最重要目标。如果我们能够在中西融汇中不断吸纳优质的幼儿园课程模式的精髓，并不断地站在本土立场上用本土的核心价值观去思考并建构自己的幼儿园课程模式；如果我们能够通过走近高瞻课程的理论与实践，不断地体悟如何在主动学习的活动中"让孩子们具有高度的热情和广泛的兴趣"；如果我们能够把关于幼儿园课程模式的思考和实践与关于幼儿园课程评价模式的思考和实践紧密地结合起来，不断地推动幼儿园课程评价模式走向情境性评价和发展性评价；如果我们能够把幼儿园课程模式的建构与幼儿园教师的专业发展有机地结合起来，不断地促进幼儿园课程模式建构与幼儿园教师专业发展走向一体化……我们就会更快形成中国特色、中国风格的幼儿园课程模式，并以自己的课程价值、结构和路径等丰富当今世界多元化的幼儿园课程发展格局。

学前教育是终身教育的开端，是基础教育的基础，是国家教育体系中不可或缺的重要一环。站在新的历史起点上，我们已经认识到"文化是民族的血脉，是人民的精神家园"②，只有进行文化的传承与创新，才能凝聚和激发一个民族的活力和创造力。作为学前教育研究者，我们有责任和义务在中华民族文化所具有的独特魅力和历史土壤中，在充分认识学前教育重要价值的基础上，在借鉴国外优秀幼儿园课程模式的同时，理性思考学前教育的价值、幼儿园的本质、幼儿园课程

---

① 陈鹤琴. 陈鹤琴全集（第二卷）[M]. 南京：江苏教育出版社，1992：110-111.
② 中共中央关于深化文化体制改革、推动社会主义文化大发展大繁荣若干重大问题的决定 [EB/OL]. [2011-12-23]. http://www.gov.cn/jrzg/2011/10/25/content_1978202.htm.

开发和幼儿园教师专业发展等新时期的重大问题，致力于开启一个建构具有民族文化底蕴、接轨时代精神的幼儿园课程模式和幼儿园教师专业发展模式的新时代。

霍力岩

2012 年 1 月 5 日于北京师范大学

代中文版序

亲爱的读者：

我非常高兴地欢迎你们走进高瞻课程，也非常高兴地欢迎你们阅读这套专为中国早期教育工作者翻译的高瞻课程系列丛书。和你们教育项目中的孩子一样，你们也即将踏上探索与发现高瞻课程的旅程。在这个探索与发现的旅程中，你们也将会得到各种各样的启迪，例如幼儿是以何种方式学习的？你们应该如何全身心地支持幼儿的学习？你们如何在照顾孩子的同时，获得个人的专业成长？

随着中国成为世界经济中的一大主要力量，当今中国正在经历多方面的巨大变化。中国改革的快速推进不仅为中国的教育工作者提供了机遇，也向他们提出了挑战——教育工作者在考虑如何传承本国固有的社会、文化和知识传统的同时，还要帮助学生为应对未来挑战做好准备。中国人有着优秀的职业道德，一直以来都非常重视家庭和集体，在深邃的哲学思辨和辉煌的艺术成就方面颇有历史。历史记载了可以让我们回首的往日文明，并将人类智慧结晶薪火相传，但是对于未来，我们却只能猜测：它究竟会带给我们什么？因此对于学生来说，尽管掌握人类现存的知识和技能很重要，但他们更需要发展批判性思维和创造性思维等，以面对将来即将出现的未知挑战。

教育好儿童是为儿童及其国家的美好未来做好准备的最佳途径。这是中国在投资修建大量工厂之外投入大量资源用于加强人力资源建设的原因。中国在教育上的这些努力已经在多方面取得了巨大成功，如与其他国家相比，中国学生在语文和数学考试中能够取得较高的分数。然而，中国的教育工作者也日益关注如何弥补学生在创造性解决问题能力以及批判性思维能力方面存在的不足。全面发展的学生不仅仅能够掌握知识，还能够在深思熟虑后将知识运用于创新、发展和实现他们的想法并对这些想法的有效性进行评估。

高瞻教育研究基金会在关注儿童创造力和批判性思维培养方面可以成为中国教育工作者的合作伙伴。高瞻课程不仅强调儿童学习什么，更重要的是强调儿童如何学习思考以及如何产生新的想法。高瞻课程不仅教儿童如何利用身边的各种材料以实现自己的创意，更重视教儿童如何与他人合作以应对和解决真实的难题。儿童在现有知识和技能的基础之上增进自己的知识和技能——他们不仅重复着前人的已有经验，而且在探索和了解大千世界各种可能性过程中不断创造一个又一个激动人心的时刻。

当阅读这些有关高瞻课程的书时，你们将会经历与儿童探索世界相同的过程。这些书可以帮助你们掌握当前关于儿童早期发展的知识，还会鼓励你们运用这些知识创造有效且具有新意的教育方案。为了帮助你们充分汲取这些书的精华，在开始这段旅程前，我从五个方面提供一些背景知识，分别是：高瞻教育研究基金会的历史；学前教育课程的基本内容；关于学前教育课程有效性的支持性研究；在美国以外使用这套课程的国家和地区的情况；关于这套课程模式为什么可以在中国成功实行的一些思考。我相信，当你们读完这一中文版序言之后，你们会迫不及待地一头扎进这些书中并开始在你们自己的早期教育机构中运用这套课程。我希望并相信，你们、你们的孩子以及你们的国家会在这套课程中有所收获。

高瞻教育研究基金会简史

尽管现在的高瞻课程为来自不同家庭背景的学前儿童提供服务，但它最初是为生活在美国密歇根州伊普西兰蒂（Ypsilanti，Michigan，美国中西部一个工人阶级聚居的城市）的贫穷儿童而开发的。1962 年，该城市公立学校系统特殊教育服务主管戴维·韦卡特（David P. Weikart）博士被生活在最贫穷社区学生过高的学业失败率以及辍学率震惊。他指出这种情况的出现是由于贫穷学生没有得到充分的机会为学业做好准备，而不是由于这些儿童有任何的先天缺陷。为了验证这个假设，他开展了一个研究项目，这个研究项目日后被人称做高瞻课程佩里学前教育研究项目。在这个研究项目中，3 岁和 4 岁儿童被随机分配到接受学前教育组和不接受学前教育组，由项目组对儿童的学业准备、学业成就以及社会性行为作出评估。在一个后续研究项目即高瞻学前教育课程比较研究中，研究者把高瞻课程与其他两个课程模式——传统保育学校模式和直接教学模式——进行了对比。随着课程发展以及研究活动在规模和数量上的增长，韦卡特博士于 1970 年离开公立学校，建立了私立且非营利性质的高瞻教育研究基金会。在 2000 年退休之前，他一直在基金会担任主席一职。韦卡特博士于 2003 年去世，他留下了一笔世界性的遗产——他的创新和巨大成就，这笔珍贵的遗产代表了幼儿、家长及教师的利益。

高瞻学前教育课程的基本内容

高瞻课程是一个"建构主义"模型，它主张儿童在个人经历和社会互动的基础之上积极构建自己对于世界的理解，而不是被动地接受成年人灌输的知识和技能。这种观点以皮亚杰、杜威、维果茨基和布鲁纳等心理学家和教育理论家的著作为基础。该课程自出现以来不断升级完善，并吸取了包括儿童发展、脑科学以及有效教育实践等多项研究的最新成果。

高瞻课程教育哲学的核心在于主动参与式学习（active participatory learning）。在这种学习的过程中，教师与学生是合作伙伴。成人与儿童之间的积极互动被认为是形成温暖且具有支持作用的教育环境的核心，这种环境能够激发儿童对学习的兴趣。成人还应该有组织地在教室里创设充满各种开放性材料的不同兴趣区，从而创造出一种激励性的学习环境。

教育项目应遵循既有稳定性又有灵活性的一日生活流程，从而使儿童感到安全并提前知道他们下一步将要干什么。这种一日生活流程最与众不同的地方在于它是包括计划—工作—回顾三个环节的系列程序，即儿童首先根据自己的兴趣点设计活动，然后贯彻实施他们的想法，最后反思他们做了什么事以及从中学到了什么。儿童也要与教师和同龄人一起参与小组或集体活动，在户外进行大肌肉锻炼，或是在吃饭或分享甜点时进行社交活动。

在儿童选择、探索材料以及与他人互动时，教师应该为他们搭建学习的"脚手架"。教师应该支持儿童对事物的现有理解并把他们的思考和推理拓展到下一个发展水平。教师会利用一套关键发展性指标（KDIs）理解并指导儿童的早期学习。这套关键发展性指标包括八个领域的课程内容，分别是学习方式，社会性与情感发展，身体发展与身心健康，语言、读写与交流，数学，创造性艺术，科学与技术，社会学习。最后，为了帮助项目工作人员满足儿童需求并不断推进项目进步，高瞻课程会提供系列评估工具，供教师观察儿童的进步并监控课程的实施。

证明高瞻课程有效性的研究

近半个世纪以来的相关研究证明了高瞻课程的有效性。高瞻课程佩里学前教育研究项目持续追踪了参与该教育项目的儿童从学前教育阶段直至成年的生活。研究发现，那些接受过学前教育的学生，比起没有接受过学前教育的学生，高中毕业的比率、拥有工作以及房产的比率更高，犯罪的比率更低。一项成本—效益分析表明，每投资1美元于高质量的学前教育，社会就能够得到17.07美元的收益。高瞻课程比较研究发现，在参与项目的幼儿中，那些主动学习的幼儿成年后的犯罪率要比被动学习的幼儿低。高瞻课程以培训教师为目的的专业发展模式也被证实是有效的。对高瞻课程的培训者培训项目进行评估发现，接受本系列丛书中所描述的课程培训的教师，比起接受其他课程培训的教师，能为儿童提供更高质量的教育；参与高瞻课程的儿童，比起参与其他课程的儿童，能够得到更好的发展。这些由独立调查者实施的高瞻课程有效性研究与其他国家性及国际性调研表明，参与高瞻课程教育项目的儿童始终比他们的同龄人表现更好。最值得注意的是，提供多种多样的开放性学习材料、儿童有机会对自己所选择的活动进行计划与反思是这一课程最突出的特色——这些特色与幼儿的智力及社会性的发展有着积极且显著的关系。

美国以外的高瞻课程

在过去的30年中，高瞻课程已经在美国以外的多个国家和地区培训教师并实施项目。现在，已经有20个分布于北美洲、中南美洲、欧洲、非洲以及亚洲的国家和地区用这套课程为婴儿及至青少年提供服务。高瞻课程遍布城市及乡村，项目中的儿童来自于各种收入水平和语言文化群体，包括了有着典型发展特征的儿童及有特殊需要的儿童。

该项目之所以能够在全世界范围内得到运用，是因为它具有强大的适应性并富有人本主义精神。该课程的实施不需要购买特殊的器材，可根据当地环境与文化修建教育设施并选择课程所需材料。这些材料很多都是低成本的，甚至很多是由当地的商家及居民捐赠的，例如纸制品以及建筑业和制造业的边角料。高瞻课程吸引了如此广泛的教育工作者，其另一个原因是它所致力于促进的品质是世界范围内人们所普遍珍视的，这些品质包括创新精神、好奇心、批判性思维、决策能力、合作能力、坚持性、创造力和问题解决能力。

正是上述这些人类普遍珍视的品质使得高瞻课程能够成功地帮助不同发展水平的儿童以及有特殊需要的儿童，并为来自不同文化及语言背景的儿童提供服务。在高瞻课程模式中，儿童遵循着自己的学习方法，因此他们会全身心地投入到自己的学习之中。教师随时观察儿童的状态，而不是仅仅按照规定的课堂计划进行教学，因此教师可以设计出能够吸引儿童注意力并保持其学习热情的活动。

高瞻课程在中国

中国历来重视早期儿童教育，而且在 1949 年新中国成立之初就成立了专门的学前教育管理部门。这些年来，虽然大部分学前教育经费都来自私人或是地方资源而不是国家财政拨款，但学前教育经费仍旧在稳定增长。据估计，现在在中国城市及乡村地区，有 14 万个学前教育项目处于运作状态，为接近 2600 万名 3—5 岁儿童提供服务。虽然中国政府已经意识到学前教育是教育系统中最为薄弱的环节，但仍旧只有 1% 的政府教育经费用于学前教育，且只有一半的适龄儿童能够参加到学前教育项目之中。

由于中国在全球经济中的迅速崛起，学前教育将在中国的未来发展中扮演至关重要的角色。我们从高瞻课程的长期调查研究可以知道，高质量的早期教育项目可以培养出高素质人才所需要的坚持不懈的精神和自我管理的能力。也许更重要的是，高瞻课程对于计划能力和反思能力的强调可以培养儿童日后在社会生活和团队领导方面所需的创新精神和批判性思维。优质的早期教育将会使我们的未来公民乐于终身学习，并具备终身学习所需的各种品质。

和谐社会需要的不仅仅是心智能力，更需要各种社会性能力。对于很多没有兄弟姐妹甚至没有堂兄弟姐妹的中国儿童来说，学校才是他们开始学习如何与他人相处的地方。高瞻课程培养合作能力、联合解决问题能力以及对合作伙伴的想法及贡献的尊重。这些是与中国非常重视家庭关系和社会责任的民族道德伦理紧密联系在一起的。与他人合作的能力同样能够为创造性地解决问题提供动力和活力。最后，学习如何与他人一起游戏和工作能够帮助儿童发展同理心和移情能力，这是他们发展道德行为的基础。由此，社会性能力的培养是一项非常重要而且应该尽早完成的任务。与其他处于经济迅速发展进程中的国家一样，中国已经经历过将经济利益置于人民福祉之上的危害——通常在这种情况下，儿童是最大的受害者。在学前阶段学会关心他人能够帮助儿童懂得聪明和诚信可以同时存在，并使所有人能够因此互惠互利。

我希望，在阅读高瞻课程的系列丛书时，你们会发现其中有很多能够为中国儿童——儿童，是中国最重要的资源——的发展作出贡献的途径。高瞻教育研究基金会的研究者对于能够与中国建立合作关系感到非常高兴并充满感谢，并希望我们能够在未来一起学习并解决问题，最终创造一个更为美好的世界。

致敬，致谢并共勉！

高瞻教育研究基金会课程开发部高级主管

安·爱泼斯坦　博士

李冰伊　译

目　录

前　言

　　既然阅读已经确立了其在早期儿童课程中的稳固地位，那么很自然地，数学很可能会成为学前教育中的下一个"大事件"。（美国）全国研究理事会（National Research Council）在 2000 年发布的著名报告——《渴望学习》（*Eager to Learn*）中引用相关研究表明，"元认知"（metacognition）是个体较高水平的思考和解决问题的技能（skills），当儿童在成人的鼓励下进行思考、预测、提问和假设等思维活动时，"元认知"便能够得到发展。思考、预测、提问、假设的过程正是儿童进行数学和科学探究时表现出的重要特征。

　　2003 年，时任美国教育部部长罗德·佩奇（Rod Paige）发布了为期五年的数学和科学行动计划，这也是自 1957 年以来美国应对"苏联卫星上天"后的第一个努力。佩奇指出"在这个不确定的世界里，美国教育的最重要任务是培养一大批擅长数学和科学的年轻人"（美国联邦教育部，2003）。通过引证"不让一个儿童掉队"法案（No Child Left Behind Act）对阅读的强调，他认为法律同样也应当对鼓励学生们学习数学和科学课程、教师培训，以及探索最有效的授课方法等予以关注。

对数学的关注给幼儿教师带来了无与伦比的挑战，同时也带来了机遇。挑战主要是指，幼儿教师需要在尊重学前儿童具体的、前逻辑的思维方式的前提下系统地介绍数学概念。机遇是指，幼儿教师可以更好地利用数学在大千世界中所呈现的种种方式和儿童学习数学的自然愿望。我们成人的角色就在于为儿童提供恰当的词汇和实际动手的经验以激发儿童的兴趣并促进他们对数学概念的理解。为此，我们必须认识到，早期数学并不仅仅是数字和机械的数数，它还包括对大小、数量、分类、图案、空间概念、速度和排序的研究。正如研究者道格·克拉门茨（Doug Clements）所言，幼儿教师们应提供"有意义的、与儿童相关的情景和主动参与的机会，以帮助儿童学习前数学和数学的概念"（2002，p. 2）。他还认为，数学处理过程（如问题解决、交流和陈述）和思考习惯（如好奇心、坚持、对图案的敏感）与内容一样重要。高瞻幼儿园的主动学习模式正回应了上述思想。

引　言

不同幼儿在数学方面的思维方式存在巨大差别。下面这个发生在密歇根州伊斯兰提市（Ypsilanti，Michigan）高瞻示范幼儿园的故事①便能很好地说明了这个问题。

九个3—5岁的幼儿正和他们的老师一起吃点心。他们轮着传递一个盛有麦片、葡萄干和脆饼条的碗，并用一个大勺子为自己取食物。5岁的杰茜（Jessie）在把碗递给3岁的马雅（Maya）之前，为自己盛了两勺食物。"盛两勺，这样就足够了，"杰茜对马雅这样建议道。于是，马雅盛了满满一盘子食物，然后把装食物的碗递给下一个人。下一个人也同样先往自己的碗里盛满食物，然后传递给再下一个人。杰茜对老师说："哇，你放了那么多（食物到碗里）。"老师回答道："是的，我倒了一大盒切尔瑞欧（Cheerios）麦片，两大袋脆饼，和很多葡萄干！"

---

① 改编自格拉夫（Graves, 2000, p. 1）。

4 岁的伊莱（Eli）在吃点心之前，把麦片、葡萄干和脆饼条分开放了三堆。然后他说："我只喜欢吃脆饼，但是我得到的脆饼不多。"相对于吃点心来说，5 岁的本（Ben）对堆砌点心更感兴趣。他把脆饼条插到麦片里，并把它们排成一排。脆饼条用完后，还剩下一些麦片，于是他说："我需要更多的脆饼来完成我的栅栏。"3 岁的娜塔莉（Natalie）借鉴了本的想法，她把脆饼插到麦片上，并对老师唱了一首"生日快乐"歌。有一个孩子问老师几岁了，娜塔莉毫不犹豫地答道："11 岁。"

在这个例子中，5 岁的杰茜思考食物的数量和人数，而 3 岁的马雅仅仅想为自己盛很多食物。娜塔莉显示出她已具备数概念，而且可能还理解 11 这个数比 3 或 4 更大，因此当使用这些数说明年龄时，11 比 3 或 4 也就显得"更年长"。伊莱和本都对点心的成分进行了对比，并得出他们缺少脆饼条的结论，但是他们解决问题的路径完全不同。伊莱通过将这些点心分类，直观看出他最喜欢的脆饼是三堆中最少的一堆。本通过将不同点心一一对应从而发现麦片的数量超过了脆饼。

上面这则趣事表明了幼儿与数学打交道的三个原则。首先，儿童的早期数学经验是与具体实物联系在一起的。其次，儿童的活动和语言为成人扩展儿童对数学概念的思考带来机会。第三，数学思维并不是在死记硬背、机械的课程中产生的，而是自然发生的。

以上三条原则或许会给人一种错觉：早期数学学习是自发产生的。实则不然，教师需要有目的、系统地将数学引入班级课程中。

我们能教数学吗？

对于很多幼儿教师来说，教授数学并不是一件简单的事。对数学的恐惧和匮乏的职业准备经常阻碍他们有意识地将数学内容加入到幼儿园课程中。为了克服这种恐惧，我们可以从艺术教育中获得启示。几年前，高瞻课程为了促进幼儿的视觉艺术开始为儿童提供工作室。我们特意没有将课程定位于由专业的艺术教师来教授，而是选择了日常班级的教师参与到这项工作中。我们不仅希望这些老师能够为幼儿提供充分而深入的工作室时间来创造艺术，同时还强调将艺术鉴赏作为一门学科融入到幼儿园课程中。这些教师的不安让人难以置信。他们最常抱怨的就是："我不会画画！我怎么去教艺术?!"

为了使教师们认识到他们具备进行艺术教育的潜力和能力，我们必须首先让他们相信自己是艺术家。我们让这些老师开展头脑风暴，回忆他们使用自己的审美意识所进行过的活动。例如，装饰他们的家，建造一座花园，摄影和为照片镶框，根据封面设计挑选书籍，为报告设计标题页。一旦老师们认识到并认可自己是艺术家，他们便会在将艺术作为一门学科传递给幼儿时感到更加轻松自如。

我们可以使用类似的方式将数学引入到早期儿童课程。对于幼儿来说，数学包括了我们日常生活中各种各样的事情——分类和匹配，根据大小进行整理，以及处理空间和时间等问题。由此来看，数学并非那么令人生畏。正如不是只有成为毕加索才能使儿童对艺术感兴趣一样，你无需成为爱因斯坦也能教好数学。事实上，以普通和具体的事件为基础，有助于鼓励孩子探索数学世界。

我们应该教数学吗?

正如在任何学术内容领域一样（例如阅读或科学），对何时教数学、如何教数学的争论早已有之。这个争论并不像"阅读战争"（reading wars）（是教授与语言有关的全部知识，还是重视解读语言技巧之争）那样具有政治性和情绪性，但在什么是幼儿学习数学的最好方式上仍有不同观点。其中有一种观点认为，学前儿童年龄太小以至于不能接受任何形式的数学内容。另外一种观点认为，数数和基础算术应该在儿童进入小学之前就直接教授给他们。

在这两种争论进行的过程中，高瞻课程持相对平衡的观点，它和全美数学教师理事会（the National Council of Teachers of Mathematics）制定的早期儿童标准（NCTM；2000）以及其与美国幼儿教育协会（the National Association for the Education of Young Children）联合声明（NAEYC；2002）的观点是一致的，这些观点和立场在以下基于研究所得的原则中得以体现：

- 提供数学学习的良好开端并不意味着强迫幼儿过早接触原本更适用于大龄儿童的课程材料和教学活动。

- 尽管数学学习可以是非正式的，但是不能是无计划和随意的。教师们应该有目的、系统地将数学融入到幼儿教育计划的每日常规中。

- 真正的学习不是短期的，也不是死记硬背的。数学与识字或其他内容领域一样，应深植于真实的、有意义的作为综合课程一部分的经验之中。

- 儿童需要一个具有丰富资源的环境以熟练操作物体，并探索数学概念。

- 儿童需要时间和自由去建构、测试和思考他们对数学的认识。

- 技术如果能根据儿童的年龄被恰当地运用，可以成为早期数学教育的一个构成因素。

- 与成人自然的交谈可以帮助儿童拓展他们的数学思维。

- 教师发展对于高质量的、适宜的数学教学是非常关键的。

- 数学评估应该用来获取关于教学的信息，而不是用来将儿童按照能力水平分类。

如果我们在应不应该对幼儿进行数学教育上还存有疑问的话，儿童们会响亮地回答我们："应该!"只要观察儿童的游戏，听听他们的讨论就可以发现幼儿对建构数学推理的兴趣。下面这些案例说明，对大小、数量、分类、模式（patterns）、空间、速度、排序的调查研究是儿童开始数学探索的一部分。

- "米沙（Misha）太小了。他只有 3 岁。等他 4 岁时才能加入我们。"

- "她生气了，因为她哥哥吃了最大的那块蛋糕。"

- "我在每块棉花糖上都压一颗葡萄干，他们就像小虫子坐在豆袋椅①上。"

- "我先铺好餐巾纸，然后把勺子放在上面，最后把一盘石头派②端出来。"

- "给另一个杯子再加点水，让两个杯子里的水一样多。"

- "乔斯（Jose）先 5 岁，然后我才 5 岁。但是下一次就轮到我成为最大的了。"

- "我的新鞋花了妈妈十一、十、八、一美元③。"

- "我跑得更快。我打赌我能在你前面跑到山顶。"

- "当大时针向下指到 6 时，我就要拍拍手表示打扫时间到了。"

- "大的黄圈圈在这个盒子里，小的在那边。大的和小的绿色方块也一样。"

---

① 原文为 "Beanbag chair"，中国习惯称为"豆袋沙发"或"懒人沙发"。——译者注

② 原文为 "Pop-up pebble pies"，Pop-up 应该是指折叠立体书，翻开后即弹出一个立体的蛋糕或馅饼等。——译者注

③ 原文为 "eleventy-eight-one dollars"，译者理解为此年龄段儿童尚未掌握好复杂数量的正确表达，所以交流中犯有一定的语用错误，故采用直译。——译者注

- "你当猫爸爸，因为你长得最高。她当宝宝，因为她个子最小。我当妈妈，这样我就可以坐在中间啦。"

　　为了帮助老师们扩展并鼓励儿童进行上述形式的探索，这本书描述了如何促进高瞻课程中五个数学关键经验领域的学习：分类、排序、数、空间和时间。这本书首先总体介绍了教学策略——布置学习环境、计划每天的日常活动、与儿童互动、评估幼儿在五个数学领域中的发展，接着是本书的主体部分，为教师们介绍了如何逐步指导数学学习，并举出了50个早期数学活动，其中每个数学关键经验领域各10个。班级中的实习教师也可以执行这些活动，并可根据每节课后的诸多变化和建议来构建儿童对数学的兴趣，并使儿童认识到数学在其生活中的地位。本书作者希望幼儿教师和幼儿能够享受在广阔数学世界中探索与发现的乐趣。

第一章
高瞻课程早期数学教学法

本章导读①

　　本章为全书的概括性章节，主要探讨了两个问题：1. 高瞻教学法的基本内容是什么？2. 高瞻早期数学教学法的对象、内容及相关的关键经验是什么？

　　在第一个问题中，作者主要介绍了高瞻教学法的基本理念，以及为实现这一理念在"一日生活常规""教师职责""关键经验"等方面需要做哪些要求。

　　在第二个问题中，作者将高瞻数学教育分为五个方面：分类、排序、数、空间、时间。在每一个方面中，又从学习环境、一日生活流程、成人—儿童互动、评价四个方面进行阐述，并结合分类、排序、数、空间、时间方面的关键经验全面说明高瞻课程中的数学教学法要点。

---

　　① 本书所有章节前的"本章导读"均为译者所加。——译者注

高瞻课程是一种强调儿童各领域发展的综合性教育方法。高瞻课程并不采用单独的数学课程（模式），而是将数学内容与高瞻课程的其他组成部分整合在一起。也就是说，高瞻课程包含数学教学，但数学教学并不是孤立存在的，见下框。

> **作为综合性的学前教育方法，高瞻教学法：**
>
> - 认为儿童发展的各个方面不仅相互关联，并且都很重要。
> - 采用建构主义的理论框架来解释儿童发展并用于指导实践。
> - 拥有经过实践检验的模型来培训教师和管理者。
> - 将父母视为教育团队中的重要成员。
> - 使用经过验证的评价工具来衡量实施的效果并记录儿童的进步。

高瞻教学法概述

高瞻教学法详见 [《教育幼儿》（*Education Young Children*）一书，Hohmann & Weikart，2002] 基于"儿童是主动的学习者"这一基本理念，认为儿童在成人的支持和引导下按照自己的兴趣进行探索时，学习效果最佳。课堂学习环境的设计旨在促进儿童各方面的发展。兴趣区蕴藏于反映和扩展儿童生活、文化经验的各种材料中。材料的排列方式有助于儿童的概念发展，例如生活区里的瓶瓶罐罐按照大小来排列，建筑区里的积木按照形状来排列。区域与材料上贴有符号和文字标签，以培养早期阅读与书写技能。为了鼓励儿童的积极性和独立性，材料要很容易获取，儿童能够独立或在成人最低限度的帮助下获取和放回材料。

有规律的**一日生活常规**能够帮助儿童培养自控力和预测能力。它由几个部分组成，其核心是**计划—实施—回顾（Plan-Do-Review）**流程。在此过程中，儿童选择他们要做的事，实施他们的想法，并对与成人和同伴共同完成的活动作出思考。这些能帮助幼儿有意识地学习如何思考与行动。此外，儿童参与小组和大组集体活动，帮忙打扫卫生，在吃饭或吃点心时进行交往，并在户外活动期间锻炼大肌肉。这样，儿童的智力、社会情感、身体以及创造性等各个方面，在一天的活动中均得到了锻炼。

教师的职责在于通过以下方式来支持与扩展儿童的学习：倾听、向幼儿提出开放性问题、鼓励幼儿进行有意义的交谈以及解释自己的想法。高瞻课程既不是完全让孩子们自己发现一切的"放任模式"（Laissez-faire model），也不是由成人主导全部学习过程的"专制模式"，而是在儿童的需求与兴趣的基础上，成人与儿童共同决定学习的方向。为了评价该学习模式的执行程度，教师、督导或外部评估人员按照《学前项目质量评估量表》（Preschool Program Quality Assessment）对课堂教学和机构的政策进行整体记录与评估。（PQA；High/Scope，2003c）

> **更多关于高瞻早期数学和自然科学关键经验的信息**，详见《教育幼儿》（Hohmann & Weikart，2002，15—19 章）和《学前关键经验》（*Preschool Key Experience*）手册及录像带——分类、排序、数（High/Scope，2003a）、空间、时间（High/Scope，2004）。
>
> **更多关于儿童早期数学与自然科学发展评价的信息**，详见《学前儿童观察记录量表》（High/Scope，2003b）中的相关条目。

学龄前儿童与世界的互动可以归纳为 58 种**关键经验**（Key Experiences），这些经验指导着教师进行班级环境布置，个体和集体教学活动，以及观察记录儿童的发展进步。高瞻课程归纳出了与数学和逻辑操作相关的分类、排序、数、空间、时间五个领域的 23 种关键经验。为评价儿童的发展，教师对每天的观察进行记录，并定期完成《学前儿童观察记录量表》（Preschool Child Observation Record）中所列的 32 项内容（COR；High/Scope，2003b）。其中 8 项针对数学和自然科学（高瞻课程与数学相关的关键经验和 COR 项目分别列于本章五个数学领域段落之后）。

高瞻课程早期数学教学法

本章接下来阐述如何将数学的五个领域融入学习环境、一日生活流程和成人—儿童互动之中。本书在后面的章节中介绍了教师能在课堂上运用、借鉴的 50 种活动，以培养儿童对数学的广泛兴趣。除了逐步指导，每种活动还列出了高瞻教学法在数学和其他学习领域的关键经验、儿童观察记录量表（COR）的有关项目以及全美数学教师理事会（NCTM）关于儿童早期数学教育的标准。

分类：认识相同点与不同点

分类——将事物按照其共同特征分组——是儿童组织其生活的一种方式（例如：区分他们自己的玩具和别人的玩具，好吃的东西和不好吃的东西，玩具娃娃的衣服和真正的衣服）。他们通过观察物体、事件、人物和想法的相同点与不同点来构造规则，建立联系。儿童可能会以常规的方式来给事物分类（比如：硬和软），也可能会以他们令人惊奇的想象来进行分类（比如："丁当响的"和"梆梆响的"）。关注儿童如何分类能更好地理解他们的思维方式。

高瞻课程指出分类的七种关键经验（见下框），前四种在低龄幼儿身上很容易观察到，而另外三种则包含了一种逻辑（思维），这种逻辑思维在年龄较大的幼儿身上才开始发展。

高瞻课程学前阶段的关键经验——分类

- 探索并描述事物的相同点、不同点和属性
- 区分并描述形状
- 分类与配对
- 以多种方式使用并描述事物
- 同时掌握一种以上特性
- 区别"部分"和"整体"
- 描述某事物不具备的特性或不属于哪种类别

下面介绍几种能确保儿童拥有多种机会发展分类能力的方法。

学习环境。想想你教室里的材料：它们是否大都是商家纯粹为了赚钱而卖的功能有限的玩具？儿童感兴趣并且需要去探索各种类型的材料，因此请提供具有不同特征的各种材料并用标签加以标注。这些材料应在某些方面相似，但在另一些方面又有明显的不同。譬如可以考虑提供下列物品：

- **可刺激各种感官的家用材料和自然材料**（婴儿油、砂纸、坚果、贝壳、可发出声响的物品）
- **具有可活动部件的材料**（厨房器皿、乐器、照相机）

- **可因人为操作或随时间而改变的材料**（黏土、橡皮泥、电脑绘图程序、沙、水、植物、真实的动物）

- **形状规则的材料**（积木、盒子、圆环、卡片、木块、纽扣、手鼓）

- **可供分类和配对的材料**（动物玩具、瓶盖、珠子、银器、帽子、鞋子）

- **码放在一起并贴有符号或文字标签的相似材料**。这不仅能鼓励儿童按照功能或物理特性对物品进行分类，还能开发早期阅读技能。

- **可根据两种特性进行分类的材料**。比如，当高瞻幼儿园的孩子开始对恐龙感兴趣时，教师在玩具区增加了一套塑料恐龙，恐龙分两种尺寸（孩子们叫它们"恐龙妈妈"和"恐龙宝宝"）和四种颜色（蓝、绿、黄、紫）。教师制作了一个储存箱，一端是四个大格子，另一端是四个小格子，并将每个格子用四种颜色中的一种进行标志。由于发展水平不同，有的孩子能将恐龙按照一种特性（尺寸或颜色）分类，有的孩子能按照两种特性（尺寸和颜色）分类，而有的孩子还不会分类。

一日生活流程。学龄前儿童是天生的采集者，所以应鼓励他们在一整天的活动中对事物进行采集、描述和分类。

- **为孩子提供在室内和室外搜集物品的时间**。在野外旅行时带上容器，让孩子能够把找到的东西带回教室，并进行分类。为儿童提供铅笔、便笺纸、便携式黑板或者掌上电脑让他们跟踪记录采集到的物品。比如，孩子们可以"采集"（写下）附近区域中的交通标志、海报或建筑上的字母和数字。

- **为孩子提供具有规则形状的材料**，如圆珠子、正方形积木和长方形丝巾，以便孩子在小组活动或大组活动时能够对其进行识别和描述。

- **(教师应该) 牢记打扫卫生时间是练习配对**（比如给彩色马克笔盖上笔盖）**和分类**（比如把书放在木架子上，把杂志放进塑料箱子里）**的最好时间**。加了标记的储藏区不仅能鼓励儿童对物品进行配对和分类，还能帮助儿童独立地找到物品并将其放回原位。

- **在儿童发现材料的不同用途时提供支持**。当他们在游戏中解决问题时，特别容易注意到物体的诸多特征。比如一只白手套可以用来给洋娃娃受伤的腿当"绷带"。当大积木用完时，用两块或更多的小积木也能填满一个大空间。

成人—儿童互动。幼儿会用常规和非常规的方法来对材料进行分类和使用。为了鼓励儿童对事物的功能和属性进行创造性的探索，可尝试以下策略。

- **让儿童制作相同的物品和不同的物品**。比如在一个基于孩子们最喜欢的一本书而开展的小组活动中，为他们提供各种艺术材料，并问问他们："我们怎么才能做出和《野兽出没的地方》（*Where the Wild Things Are*）里面马克斯（Max）看见的一样的怪兽呢？"过一会儿再接着问："怎样才能做出不一样的怪兽来呢？"鼓励孩子们描述他们的手工作品与书中图画的相同和不同之处。

- 分类也包括知晓某些事物不具备特定的属性，因此要**鼓励孩子使用"不"的符号**（在物体或文字上画一条线）。例如在高瞻示范幼儿园，当孩子不得不在项目进行的中途停下来时，他们喜欢使用一个"进行中"（work in progress）的标牌——标牌上画有一双手，手上画有一条横线，下面写有"进行中"这几个字。这暗示其他人不要乱动这个项目。教师可以在孩子们的回顾时间准备两张桌子，一张桌子陈列已经完成的作品，另一张陈列未完成的作品。稍后，当孩子们完成一个项目并想与他人分享自己的成果时，他们就可以把作品从一张桌子移到另一张桌子上。这也告诉孩子们分类并不总是固定不变的，物体是可以被转换的——这又是新的数学概念。

- **接受儿童对物体及其属性的描述性命名**。因为可以通过这些名称了解儿童对物体进行归类的思维方式。比如有些孩子把发泡胶包装粒叫做爆米花，因为它的结构与爆米花相似。而另一些孩子因为注意到它的颜色和弹性质地，把它叫做**白色捏捏球**。

- **通过猜谜游戏挑战儿童，因为猜谜游戏需要在脑中保持一个以上的意象**。年龄较大的幼儿可以通过两个或更多的特征来定义一个物体。比如，教师可以提出如下问题："我现在想的是在娃娃家（House

Area）里的一个红色的、会发出声响的东西。你们猜猜那会是什么?"也可以挑出儿童外表上的两个特征，并帮助他们在这两个特征或行为之间转换："梳辫子、穿带扣的鞋子的小朋友可以下一个来洗手。"

评估。在学前儿童观察记录量表（COR）上，有三个条目是评估幼儿的分类技能的（见下框）。

在给**物体分类**这一项中，这五个发展水平是从简单的物品收集到至少从一组物品中指出至少两个相同点渐次递进的。在**识别材料及其特征**这一项中，发展水平是从识别物体的一个特征到能够数出多个部分或特征。在**识别自然物和生物**这一项的发展水平是从命名某类中的一个物体开始，发展到能认识这些物体的转化形式和来源。

学前 COR 项目中的分类

给物体分类

1. 能收集五个以上的物体。

2. 能将相似的物体进行更细化的分类。

3. 分类时，能对某些特征相同而另一些特征不同的物体进行分组。

4. 分类时，能对某些特征相同的物体进行分组并识别其相同点。

5. 能识别出两个以上、存在于两个或两组物体之间的相同点。

识别材料及其特征

1. 能指出一个物体的一种特征。

2. 能识别构成某物体的材料。

3. 能够识别一个物体的部分和整体。

4. 能够根据物体特征选择某种材料。

5. 能够数出某个物体的几个部分或特点。

认识自然物和生物

1. 能够给一个自然物或材料命名。

2. 能做出有利于植物或动物的行为。

3. 能够识别有生命的或无生命的物体。

4. 能够识别（材料或环境中的）一个变化及其可能的原因。

5. 能够识别某种自然物或材料的来源。

排序：创造有序的序列或模式

高瞻课程学前阶段的关键经验——排序

- 比较属性（长/短，大/小）
- 将若干物体按某种序列或模式依次排列，并能描述它们之间的关系（大/更大/最大，红/蓝/红/蓝）
- 经过摸索，将一组有序的物体与另一组有序的物体一一配对（小杯子和小茶托/中杯子和中茶托/大杯子和大茶托）

分类是将物体按相同点进行分组；排序则是根据物体的不同点进行排列（如：从最小的到最大的），或者根据一个重复的序列或模式（如：红蓝交替的珠子）进行排列。学龄前儿童已经可以描述出相似物体间的不同点，比如约书亚（Joshua）说："我比我爸头发多多了，他是秃头。"儿童还能够利用其对事物不同点的认识来做决定，比如坚持"我要戴那顶**最高的**帽子"。将物体按序列或模式排列也使儿童感到满足，尽管他们所使用的排序规则重复一两次后会发生变化。此外，学龄前儿童还喜欢将一种有序数列或集合（ordered series or set）与另一种进行配对，比如将年龄和身高配对。

高瞻课程指出，排序有三项关键经验（见上框）。第一项是关注物体之间的显著不同点；另外两项则涉及发现物体之间细微差别和创造排序模式的能力。

幼儿通过操作材料和解决问题以满足各种需要来学习排序。下面是几条为幼儿提供此类机会的策略。

学习环境。对成人而言，排序通常是无意识发生的。也就是说，我们的思维会自动对事物进行排序。但是对幼儿来说，排序需要有意识地努力。为了支持这一过程，教师可以为他们提供易于比较的材料。如果你花时间观察那些适合用来排序的材料的特征，你就会萌生许多有创意的想法，这些想法可以让你获取、存储并标记材料。可以在教室里提供的材料有以下几种。

- **不同大小的材料组合**（嵌套积木、量匙、装饰性枕头、画刷、鼓）。
- **可以根据儿童的想法来制作和重塑的材料**（面团、蜂蜡、湿的沙子）。
- **可以供儿童制作自己的序列和模式的材料**（不同颜色、大小的珠子和小棒，书写和拼贴材料）。

- 能为儿童识别并用于创造自己的分类序列和模式的**计算机程序**。

- **有序的材料组合**（不同尺寸的茶杯和茶托、卡片和信封、螺母和螺栓、各种尺码的玩具娃娃和娃娃衣服）。

- 能让儿童在恰当的地方找到并归还物品的**有序标签**，比如张贴在多孔板上的有四种不同大小量匙形状的标签。

- **使人注意到大小变化的存储容器**，比如将大、中、小各尺寸的物品分别装入对应大小的透明容器中。

一日生活流程。① 在一日生活中为儿童创造对事物进行比较的机会，并注意利用那些自然发生的机会。

- **让儿童从事包含有序列和模式的事情**。例如，在小组活动时，为儿童提供绘画或雕塑材料用以代表他们的家庭。提供不同颜色、不同形状的线和珠子，让他们交替串成项链；提供大小渐进的多色积木，让他们排列成火车；用小钉子和多孔板来创造模式和序列。在大组活动时间，鼓励儿童依次变换运动姿势，比如躺、坐，然后站立。在过渡环节中按照慢、中、快的节奏移动身体。

- **阅读和表演一些尺寸、声音或其他渐次改变的特征在其中起重要作用的故事**，比如《三只小熊》（*The Three Bears*）或者《三只坏脾气的小山羊》（*The Three Billy Goats Gruff*）。在小组活动时间，让孩子们用橡皮泥给三只小熊做床。在大组活动时间，让他们根据乐器的不同音调和音量分别选择熊爸爸、熊妈妈、熊宝宝演奏的乐器。

成人—儿童互动。和儿童一起玩时，倾听他们自发进行的比较，并对其进行评价。肯定儿童为比较事物所做的尝试，肯定他们的想法和对所使用的词汇进行的详尽解释，这些都非常重要。

- **重复儿童对比较的评论以认同他们自发的排序**。当拉托娅（LaToya）

---

① 高瞻课程的一日生活流程共包括 10 个环节，详见附录 2，也可参见《学前教育中的主动学习精要——认识高瞻课程模式》一书。——译者注

说"这些巨兽更饿，因为他们的牙齿更大"时，她的老师表示赞同："那些更大的牙齿能帮助怪兽吃到更多食物。"

- **扩展**儿童对排序的表达。乔什（Josh）正在水池边洗手，他的老师贝丝（Beth）把旁边水池的水开得很大。乔什说："我的水流得慢。"贝丝把水龙头关小并说："我让我的水流慢了，就像你的一样。"

评估。在 COR 中有两个条目用来评估幼儿的排序技能。

第一个 COR 排序项目是，**识别模式**，从简单的排列物体到扩展出重复的、递增的排序序列。第二个项目，**比较属性**，从使用带有比较性词汇的一句简单陈述发展到能使用测量工具进行排序并报告结果。

学前 COR 项目中的排序

识别模式

1. 将三个或更多物体依次排列。

2. 按一个重复的顺序排列四个或更多物体。

3. 按一个渐进的顺序排列三个或更多物体。

4. 找到或识别一种重复的或渐进的顺序。

5. 能添加物体来扩展一个重复的或渐进的序列。

比较属性

1. 作出一句含有比较性词汇的陈述，或者对这样的陈述作出反应。

2. 使用一个词及其反义词来描述截然不同的事物。

3. 使某个物体或某种结构变小或变大，并对这种变化进行评论。

4. 使用比较性词汇来描述两个物体之间的不同。

5. 使用常规或非常规的测量工具并报告结果。

数：数数和一一对应

儿童数概念的获得是伴随着他们其他数学概念的产生而出现的。例如，要理解数，需要理解**分类**（比如所有的轿车都有四个轮子）和**排序**（比如第一辆车、第二辆车，等等）。对数的理解还需要有一一**对应**的意识，比如在布置餐桌时，把汤匙和用餐的小朋友的人数对应起来。最后，数概念的发展还伴随着**守恒**的发展，即理解数量是保持不变的，不会随形状和排列的变化而改变。虽然这一概念对于受具体形象思维支配的学龄前儿童来说仍然很困难，但他们可以从一眼就能看出区别的小的数群（如1、2、3）开始领会。这之后，数数和配对将帮助儿童更好地理解数和量。

高瞻课程有三种关于数的关键经验（见下框）。儿童的第一种经验经常被物体的外部形态影响。另外两种经验则帮助他们应用更具逻辑性的策略来得出关于数的结论。

儿童通过与同伴一起使用材料操作和解决问题来学习数概念。以下这些策略可以促进儿童对数的理解。

高瞻课程学前阶段的关键经验——数
- 比较两组物品的数量，决定哪个"更多"，哪个"更少"或者"数量相同"
- 将两组物体——对应地排列
- 点数物体

学习环境。资源丰富的幼儿园能够提供材料使儿童自发地进行比较和数数。儿童自己搜集来的东西也能很好地达到这个目的。可在你的教室里准备下列物品：

- **用于数数和比较的材料**，如珠子、积木、贝壳和瓶盖。美术材料也不错。儿童乐于比较自己画作里所使用的颜色的种类，或者剪贴画中所使用的物品的数目。

- **印有数字的材料**，如计算器、游戏卡片以及带有骰子或转盘的简单棋盘游戏（记住：对幼儿来说，数棋盘上的空格比遵守游戏规则重要得多）。提供木制数字供儿童来复写和描摹。

- **能用一一对应的方式组合起来的材料**，如钉子和多孔钉板、彩色马克笔和笔盖、鸡蛋盒和塑料鸡蛋。儿童在探索材料和做假扮游戏时，会利用任何东西去创造他们自己的配对组合。这些组合可能是常规的（一个帽子配一只泰迪熊）或者非常规的（一张披萨配一条塑料鱼）。

- **各种可用来数数的物体**，比如积木、鹅卵石、筹码、小点心（葡萄干、饼干）、凌乱的东西和用来清理的东西（纸上有几个手印，几条毛巾才能把溢出来的水擦干），以及带有数数游戏的计算机软件。

确保材料种类的足够多样化，以便不同兴趣的儿童可以找到足以吸引他们的可数物体。

一日生活流程。 心理学家霍华德·加德纳（Howard Gardner）说过："学龄前儿童把世界看成是一个数数的场所。儿童想要数出一切东西。"（1991，p. 75）为了在一天中的每个时段都能支持儿童爱数数的天性，可尝试以下方法：

- **鼓励儿童收集和分配材料。充分利用一些好的时机，** 例如，打扫卫生时间（当物体被归位时数数）；吃点心时间（用轮流图表；分发器具）；小组活动时间（每人分配一瓶胶水或工具）和工作时间（在游戏中分发相同数量的卡片）。
- **设计涉及同一物品不同数量的集体游戏，** 比如小玩偶和积木，或者儿童在户外散步时采集的东西，如鹅卵石或贝壳。
- **在签名纸片上使用数字，** 让儿童不仅可以确定自己在轮流活动中的排位，还能确定他们想要轮流多少次，或者想多长时间轮一次。儿童可以用序号和（或者）多种记号（五角星、对勾、斜杠）来表示他们的偏好。

成人—儿童互动。 当儿童在游戏中自发地使用数字时，成人可以就儿童的语言和行动发表看法，但尽量减少提问。成人能从孩子提出的问题而非对孩子的发问中学到更多。运用以下策略评估儿童对数的意识，并在他们的理解水平上给予支持。

- **鼓励儿童去数典型的事物**（塔里的积木）和意想不到的甚至傻乎乎的事物（脚踝上蚊子咬的包）。数学研究者赫布特·金斯伯格（Herbert Ginsburg）和他的同事们发现，儿童也喜欢数出大数目，即使他们并不总是能数对（Ginsburg, Greenes, & Bafanz, 2003）。
- **倾听儿童通常比较的各种事物。** 这些事物包括对材料数量的比较（"我农场里的动物比你的多"），对自己绘画作品的描述（"我在哥哥的嘴里画了更多的牙齿，因为他说话更大声"），和对年龄的比较（"我堂姐比我们大，她七岁了"）。教师应以上述观察为基础上为儿童提供材料和体验。

- **对儿童创造的配对组表示兴趣**。评价两组材料或想法之间的对应关系（如："你汽车上的三把椅子能坐三个乘客"，"杰森（Jason），我看见你每天都写一个计划。一周五个工作日，所以你写了五个计划"）。在回顾时间里，鼓励孩子们互相分享和谈论这些相似的经验。让儿童向同伴演示或解释他们是怎样以及为什么把某些东西放在一起的。

- **使用手写的数字并鼓励儿童书写数字**。儿童喜欢使用和书写数字，就如同他们也喜爱使用和书写字母一样。例如，在玩餐馆游戏时，他们点菜并写下价格。大一点的幼儿可以用非常精确的数字进行表达。比如，在工作时间，五岁的托利（Tory）画了一幅漫画——他将纸分成六格，并在每个格子里画图。他按照作画时的先后顺序为这些格子编号。他向老师解释每一格中的画面，并请老师写下他说的话。托利在这项活动中展现了他对阅读和数字的兴趣。

学前 COR 项目中的数

数数

1. 能够运用数词。
2. 能够点数物体，能用一个数字命名一个物体。
3. 能数出 5—10 个物体，或者对这个要求作出反应。
4. 能数 11 个以上的物体，并用最后一个数字来说明总数。
5. 能数两组物体，并说出哪一组更多。

评估。学前 COR 的数数项目评估的发展水平从较低水平的对数词的运用，到较高水平的点数和比较两组物品的数量（见上框）。

空间：物理关系——位置、方向、物体怎样组合

当儿童到了入园年龄时，大多数已能够自信地应对周遭的物质世界。他们已能够攀爬、奔跑、骑车；能够沿着熟悉的路线找到路；能够猜谜；能够构建三维立体空间；能够用写和绘画来填充二维空间。学龄前儿童通过人和材料解决空间问题——谁能坐得离老师最近，如何平衡跷跷板。随着语言掌控能力的提高，儿童可以用语言谈论他们的空间经验（"如果我们

坐近一点就可以坐下更多的人"）。他们还对空间中的物体形成意识图像（"我需要艺术区的剪刀和胶带，在架子最高那格里找找看"）。

有六种学前关键经验可以用来描述学龄前儿童如何形成对空间关系的理解（见下框）。前三种涉及作用于物体上的动作。另外三种不仅涉及动作，还包含对空间的观察和解释。

幼儿仍在学习理解变化中的身体和周遭的物质世界。因此，内在自我和外部环境都会影响他们的空间知觉。下面这些策略能够帮助儿童探索和协调他们所处的外部环境。

高瞻课程学前阶段的关键经验——空间

- 填充和清空
- 组装和拆分
- 改变物体的形状和排列（包裹、弯曲、拉伸、堆叠和围绕）
- 从不同的空间视角观察人、位置和物体
- 体验和描述游戏场地，建筑物中和附近区域中的位置、方向和距离
- 解释绘画、图片和照片中的空间关系

学习环境。为了帮助儿童建立空间意识，应减少杂乱的东西以便儿童在玩耍和互动时能够在教室里自由走动。只要组织有效，不必明显减少可使用材料的数量，也可以创造更多的空间。可以选择以下这些坚固的材料。

- **可以用来填满和清空容器的物体**，包括可以倒或铲的流体（水、沙等）和用来握和操作的独立物体（拼图、小玩偶等）。

- **可以组合和拆分的物体**，包括商业材料（乐高玩具和组配式玩具）和多种家庭用具（盒子和盖子，瓶子和瓶盖，含有各种扣环、纽扣的首饰和衣服等）。

- **可以运动的物体**，如带轮子的物体和能滚动、旋转、滴落的物体，包括按照既定方式运动的设备，如节拍器、秋千、旋转木马和跷跷板。

- **能用来书写和绘画的物体**。当儿童用艺术材料培养技能时，就会开始注意到他们所创作的艺术作品的结构（物体的布局）。计算机绘图软件也可用来促进孩子思考物体之间的相互联系。

- **包含插图的材料**，例如书、期刊、复制画和（图书、商品等的）目

录册。当儿童看这些材料中的图片时，成人可以鼓励他们对图中人物和物体的位置与排列发表评论。用照相机拍摄下儿童改变某事物的步骤，比如建造一个"商店"或者画一幅壁画。然后用这些照片帮助他们再现他们做了什么以及怎样做的。从不同角度拍摄一个物体或动作，让孩子描述图中组成部分的位置和相对位置［"杰米尔（Jamil）爬到桌子下面去捡撒到地上的爆米花"］。

一日生活流程。使用以下策略在一日课程中尊重和支持儿童的空间意识。

- **给儿童单独探索和操作材料的时间**。自我发现能使儿童的学习更持久且更有意义。儿童可能会专注于成人注意不到或不会想到去指出来的空间特性，比如对他们个人来说很重要的物体的接近度。

- 在回顾时间，**鼓励孩子说出他们是如何制作东西或如何完成一件事的**。比如让他们描述是如何把多种材料组合在一起的："杰森（Jason），你用长纸条做了个东西，你是怎么想出让它们粘在一起的办法的？"还要询问儿童在活动中怎样安排自己的位置："扔球的时候你在哪儿啊？轮到你玩游戏时其他小朋友站在哪儿？"

- 在小组活动时间，**介绍可用于填充、清空、组装和拆分的材料以及可重新造型或重新排列的物体**。在工作时间向儿童提供这些材料。

- 在过渡时间、小组活动时间、大组活动时间，以及户外活动时间，**鼓励儿童爬行、打滚、弹跳或仰卧下来从不同的视角来观看世界**。例如，把纸粘在桌子底部，让孩子躺在桌子下面的枕头上，并在纸上画画。或者，给他们披巾把自己包裹成曾在操场上观察过的蚕茧的样子。

- **到教室以外的地方探险**。到户外去走走，让孩子获得对学校与附近地标的位置关系的空间感，并从不同视角看事物——直接从正前方看；站在马路对面看；站在隔壁第二家的长椅上看；穿过一个低栅栏看。让孩子改变自己身体的位置（踮脚、蹲下、头偏向一侧），从多种角度看事物。

- **重视清扫时间**。把东西收拾好，放到合适的位置和方向，能教给孩子许多关于空间关系的知识。

成人—儿童互动。用以下策略来肯定和培养儿童的空间推理能力：

- **用动作来试验**。要求儿童用身体摆出不同的姿势，并模仿他们的动作。

- **把重复看作儿童探索和发现空间原则的重要部分**。比如，幼儿常常喜欢一遍又一遍地拼同一个拼图，这是一种理解空间概念的方法。为儿童提供各式各样的拼图，但不要让他们喜新厌旧，而是要步步为营，相信他们准备好后能够探索新的、更复杂的拼图。

- **允许孩子用自己的方式解决空间问题**，比如怎样贴东西，或怎样使物体平衡。例如，艾瑞卡（Erica）搭的积木房子的屋顶要塌下来了，她新建了一面"内墙"而不是加固"外墙"来支撑巩固。在这一过程中，老师曾劝说她使用一块更长的积木来支撑，但是艾瑞卡用自己的方式解决了问题，并从中学习到事物是怎样组合的。

- **接受儿童的指令而非给出指令**。儿童喜欢成为活动的主导。当他们有机会轮流发号施令时，他们会更喜欢使用与位置、方向和距离有关的词汇。

- **对儿童的沮丧情绪、解决空间问题时需要帮助和暗示的信号要敏感**。翠西（Tracy）在拆分一辆组装玩具卡车时遇到了麻烦。她用沮丧的语气说："这个拆不开！"她的老师萨姆（Sam）说："有时候当我的轮子拆不下来时，我就试着拧拧它。"翠西拧了拧刚才还不能动的轮子，开心地说道："看，它动了！"

学前 COR 项目中的空间

认识位置和方向

1. 按要求移动或者把物体放到某个地方。
2. 使用表示位置的词。
3. 使用表示方向的词。
4. 使用表示距离的词。
5. 在看地图时使用表示位置、方向或距离的词。

评估。学前 COR 项目的**空间部分**（见上框）要求儿童能够识别**位置和方向**，从较低水平的跟随一个简单的空间方向，到较高水平的能够使用方位词汇来阅读地图总共有五个层次。

时间：持续性、可预见性和顺序

高瞻课程学前阶段的关键经验——时间

- 当信号出现时，开始或停止一个动作。
- 体验和描述一个运动速率。
- 体验和描述时间间隔。
- 预期、记忆和描述事件的顺序。

尽管时间是一个抽象的概念，幼儿却用感官的、具体的方式来对待它。如果时间没有被用来做有趣的事情，他们会感到无聊；如果还没准备好就被告知活动结束，他们会感到苦恼。学龄前儿童最初会把时间和熟悉的事情联系在一起，但运用客观工具测量时间的能力却在不断增强，比如使用时钟和日历。一旦能够在头脑中保持事件和动作的意识图像，他们就能回忆过去、预测将来，并注意到事情发生的顺序和速度。

四种关键经验被用来描述学龄前儿童对时间的理解（见上框）。前三种涉及儿童对于持续性的理解，后一种描述的是儿童对于顺序的理解。

帮助儿童理解时间的规律性和可预见性最重要的是创造一种始终如一的**一日生活流程**。同时，只要可能便允许儿童自己控制时间，不论他们对事物感兴趣的时间有多长，都让其按照自己的节奏去工作。

学习环境。你越运用对幼儿有意义的方式去思考时间，就越能为他们提供有关时间的具体材料和体验。建议如下：

- **提供可以让儿童发出停止、开始信号的材料**（各种各样的计时器、停止标志、乐器和录音机，以及在开始和停止时发出信号的计算机游戏）。

- **为儿童提供可以动的材料**。为儿童提供一些在培养空间意识的同时也能促进时间意识的材料。例如，一些可旋转、滴落和摇摆的物体，它们可以用来探索**快**、**慢**以及其他时间概念。每一种运动对于幼儿来说都是测量时间单位和时间推移的具体方法。

- **利用室内外有生命的事物来展示植物和动物的自然生命周期。** 拍下照片以帮助孩子们描述和思考自然界随着时间推移而发生的变化。

一日生活流程。 可以通过遵循具有持续性的一日生活流程并帮助儿童逐渐意识到他们所经历的时间和使用时间的方法，来提高儿童对时间的意识。

- **让儿童知道一段时间的开始和结束。** 当儿童熟悉了每日生活流程的发生顺序和每个部分开始与结束的信号（比如，一段提示还有五分钟就该清理的旋律）时，他们便获得了可以预见和控制自己生活的感觉。特别是对那些可能生活在不可预知的环境中的儿童，这一规律性和可预见性对于促进他们的情绪和认知发展都是极为重要的。

- **有关一日生活流程的任何改变都要告知儿童。** 可以对他们说"某件事今天不会做了"，这实则是在强调这件事在其他日子里都会做，从而强化了常规。同时，提醒儿童注意流程上的变化也能够重建他们的自控感，并能够让他们应对因为没有遵照常规安排而可能出现的焦虑。

- **在集体活动时间唱歌、跳舞和演奏乐器。** 这些活动能帮助练习停止和开始，或者让教师有机会评论声音和动作是否持续了一段或长或短的时间。

- **在一日活动中鼓励儿童以不同的速度运动。** 儿童乐于转换不同位置（空间意识），他们也喜爱以各种速度来移动（时间意识）。为了在集体活动中培养这种兴趣，你可以重新编排包含有用不同速度演奏的音乐的故事（如角色在哪里爬、走和跑）。鼓励儿童以不同的速度运动（像蛇一样慢或者像火箭一样快），从而使区域之间和活动之间的过渡变得更有趣。

- **让儿童使用与时间有关的语言描述计划，回顾活动。** 例如，询问他们正在计划要做的事情的顺序（"下面你要加上什么？"），或者他们的行为花费的时间（"堆叠积木花的时间长还是搬运积木花的时间长？"）。

成人—儿童互动。在儿童游戏时仔细倾听，以了解儿童是如何领会和使用时间的。可以通过以下策略增强他们对时间的理解：

- **评论事情发生的速度**。"哇，那个球滚得真快。""那些汽车慢慢地滑下斜坡。你往斜坡顶上加了一块积木后，它们滑得更快了。"

- **将时间长度与熟悉的行为或事件联系起来**。当儿童问"到……还有多久"时，用具体的参照点来回答他们，例如："我给尤兰达（Yolanda）读完了这本书就来看你的画"，或者"当所有的沙都落到沙漏底部时，就到清扫时间了。"

- **唤起儿童对自然界时间推移的注意**。因为学龄前儿童通过感觉来联系外部世界，所以可以使用与感觉有关的提示来使儿童关注时间的推移。提醒他们注意季节的变化（"天冷的时候，我们在窗户上贴了塑胶。现在既然暖和了，我们就把它揭下来"）；描述并反映动植物周期性的变化（"复活节刚过时，树上才刚冒了一些小芽。现在叶子已经长这么大了，你抬头向上看都看不见天了"）。

- **只在对孩子有意义的节日和特别的场合进行庆祝**。不要在儿童意识到一个事件之前做计划，要等到他们的谈论表明庆祝活动对他们而言已经变得真实时才做计划。同时，请记住：一个在日历上已经过期的节日或生日并不意味着孩子已经做好了让它过去的准备。他们也许到了感恩节还在玩"不给糖果就捣蛋"，或者生日过后好几天还在重演生日派对。

学前 COR 项目中的时间

识别顺序、变化和因果关系

1. 预见一个顺序中的下一个事件。
2. 描述一系列按顺序发生的事件。
3. 描述一个物体或一个情况中的某个变化。
4. 比较两件事情的速度和持续时间。
5. 解释一个事件或变化的发生是由另一个事件或变化引起的。

评价。学前儿童观察记录量表（COR）有一个与时间相关的项目——

识别顺序、变化和因果关系，它从预见一个顺序中的下个事件的水平，发展到解释一个因果关系的水平（见上框）。

结语

儿童在探索周遭世界时，表现出了他们对数学概念与生俱来的好奇。作为成年人，我们的角色就是为儿童提供适宜的词汇和实践经验来培养他们的兴趣，增进他们的理解。如果我们花时间来观察和倾听儿童，他们将重燃我们自己探索数学在日常生活中所扮演角色的热情和兴奋。

本书接下来的每一章，分别强调了高瞻数学关键经验的五个领域——分类、排序、数、空间和时间。每章包含 10 个让幼儿参与探索该数学领域的活动。每一个活动都提供了以下信息。

- **时间**（Time）——这项活动可以在一日生活流程中的哪些时间段展开。

- **材料**（Materials）——做这项活动所需要的物品。

- **开始**（Beginning）——如何向儿童介绍这个活动。

- **过程**（Middle）——如何在活动中扩展儿童对数学概念的探索。

- **其他可选材料/活动**（Variations）——其他在活动开展中可以使用的材料和（或）方法。

- **孩子们的话**——各种你可能听到的、体现了儿童对于数学的思考和与数学有关的话。

- **结束**——如何将一个活动带入尾声。

- **延伸**——在活动结束后的日子里，如何继续儿童在该数学领域的学习。

- **关键经验**——高瞻课程关于（a）这个活动所关注的某个数学领域；（b）其他数学领域；（c）其他发展领域的关键经验。

- **学前儿童观察记录量表（COR）中的数学项目**——这个活动所涉及的与数学相关的学前 COR 项目。

- **全美数学教师理事会标准（NCTM）**——针对学前班至 2 年级的有关

数字和操作，代数、几何、测量和数据（见附录，已获重印许可）①
的 NCTM 相关标准。

请将本书中这 50 个活动创意看作是一个起点。有了书中建议的多种可
选活动（材料）及后续想法，你就有了成百上千个数学活动可供选择。儿
童的观察和热情还将不断激发更多的创意。最后，请相信你自己的创造力，
继续思考更多与早期数学相关的体验。最重要的是，与孩子一起在快乐中
学习，一起探索令人激动的数学世界。

---

① 所列标准经过全美数学教师理事会（NCTM）允许，但 NCTM 不保证这些准则的内容及其
有效性。

第二章

分 类

本章导读

分类指的是将事物按其共同特征进行分组。

与分类相关的关键经验包括七种（详见第一章），怎样让幼儿获得这些关键经验是本章要完成的任务。

本章为读者提供了 10 个有关分类活动的案例。这些案例生动具体，围绕着幼儿的生活经验，让幼儿学会根据尺寸、颜色、材质等特征对材料进行分类，或者通过让孩子收集不同类型的拼贴画、制作小蜡笔、分类点心等活动锻炼动手操作能力。每一课都由开始、过程以及结束三个环节组成，有的还有延伸活动，丰富了教师的选择。

本章活动

1. 小熊之家
2. 收集拼贴画
3. 小蜡笔
4. 洗衣服
5. 猜猜他是谁

6. 字母和数字的组成
7. 观察鹅卵石
8. 音乐中的形状
9. 给点心分类
10. 我的盖子在哪里

第1节 小熊之家

开始

发给孩子们一篮大小各异的红色玩具熊，并告诉他们这些小熊组成了一个家庭，让他们找找这些小熊的相似之处。拿出一只蓝色小熊，告诉孩子们这只小熊在找它的家，问问他们应该怎样为这只蓝色小熊组建一个家庭。有孩子可能会说："你可以再拿出一组蓝色小熊。"请采纳他们的建议。

拿出一只黄色小熊，告诉孩子们它也在寻找它的家人，但是已经没有黄色小熊了。问问孩子们这只黄色小熊和蓝色的或红色的小熊是否有一些相同的地方。给他们一些时间去思考，进而发现黄色小熊和其他小熊的大小是一样的。如果没有人发现这个相同之处，你就应该对黄色小熊的尺寸作出解释，然后让孩子们根据尺寸而非颜色来对小熊进行分类。当你准备把篮子发给每个孩子时，告诉他们："一会儿我要把这个篮子里的小熊发给你们，它们的大小和颜色不完全相同。"

时间

小组活动时间

材料

❦ 塑料计数玩具熊：三种不同颜色和尺寸的小熊，或者其他可以依据两种或多种特征（颜色、尺寸、材料类型、形态等等）分类的小动物。

❦ 每个孩子一篮各式各样的玩具熊。

❦ 一些备用的小积木

过程

一些孩子在给小熊分类的时候可能会表演你之前讲述的故事（如小熊找家人）。观察哪些孩子是根据颜色给小熊分类，哪些又是根据尺寸或者同时使用这两种特征进行分类的，注意听孩子们使用**相同/不同，多/少，大/小**等比较词语。一些孩子可能会把他们的小熊按从最大到最小的顺序排列，一些可能会点数小熊的数目。鼓励那些喜欢数数的孩子去确认哪一堆的小熊数目最多，哪一堆最少。一些孩子可能会把小熊随意地摆放成一堆，也可能把它们摆成一排或者直接开始玩这些小熊。几分钟后，根据孩子们的意愿为他们提供一些小积木用来和小熊一起做游戏。

孩子们的话：

"我把这些红色的熊都放在一起了。"

"这些是蓝色的小熊。"

"我的红色小熊比你的多。"

"我有七只蓝色小熊，但只有五只黄色小熊。"

"这是熊爸爸、熊妈妈和熊宝宝。"

"我把所有的小熊都装到这个笼子里啦。"

结束

在小组活动接近尾声时，在桌子中间放三个篮子，让孩子们根据颜色把他们的小熊分类放进篮子，并告诉他们可以在工作时间继续使用这些小熊。

其他可选材料/活动

- 使用和小熊颜色相同的彩色小积木。记录是否所有的孩子都能按照颜色给积木进行分类，并和对应颜色的小熊相搭配。
- 提供一些和小熊颜色相同的小块布料（可以看成是熊的毯子），这些布料也可以被裁成不同的尺寸。记录下孩子们是否把这些布料按照颜色或尺寸和小熊搭配。

延伸

- 在准备时间里，给每个孩子一只玩具熊。教师也举起一只玩具熊，同时问问孩子们，谁有和你一样的熊并请他告诉你他（她）准备拿这只小熊来做什么。

◆ ◆ ◆ ◆

数学关键经验

分类

探索并描述事物的相同点、不同点和属性

分类与配对

同时掌握一种以上特性

区别"部分"和"整体"

描述某事物不具备的特性或不属于哪种类别

排序

比较属性（长/短，大/小）

将若干物体按某种序列或模式依次排列，并能描述它们之间的关系

数

比较两组物品的数量，决定哪个"更多"，哪个"更少"或者"数量相同"

我比你大，我五岁

——学前儿童数学能力的发展

将两组物体一一对应地排列

点数物体

其他关键经验

创造性表现

假装和角色扮演

语言和识字

描述物体、事件和关系

学前儿童观察记录量表中的数学项目（COR）

Y. 给物体分类

Z. 识别模式

AA. 比较属性

BB. 数数

EE. 识别材料及其特性

全美数学教师理事会标准（NCTM）

代数

按大小、数目和其他性质整理、分类、排列

认识、描述和扩展模型，如一段连续的声音和形状，或者简单的数字模型，从一种形式转到另外一种形式

数

在理解的前提下数数，识别出一系列物品"有多少个"

用各种实物模型和表征将数字和数词与它们所要表示的数量联系起来

第2节 收集拼贴画

开始

把所有没有分类的拼贴画放在桌子中间（或者给每个儿童一篮没有分类的材料，同时在桌子上放一些备用材料），告诉儿童要把不同的材料用胶水贴到图画纸上，制作拼贴画——一种在纸上用胶水粘贴材料的画。告诉他们，如果他们愿意，在开始制作拼贴画之前，可以用空容器来给材料分类，可以用两个容器来展示。例如，把一些红色的东西放在一个容器中，蓝色的放在另一个容器中，或者把颜色鲜艳的东西放在一个容器中，颜色暗淡的放在另一个容器中（除了做展示之外，教师也可以告诉孩子们如果他们愿意，可以用这些容器把材料分类或分开。教师自己开始边使用自己的材料边进行说明，例如：你打算使用鹅卵石，那么就把它们放在一个容器中）。描述你的拼贴画，给它做标签，然后在图画纸的不同区域开始粘贴材料。

时 间

小组活动时间

材 料

❀ 几张图画纸、卡片或者硬纸板

❀ 胶水

❀ 拼贴画材料，例如不同颜色、大小和质地的纸片（杂志、新闻纸、墙纸、箔纸、卡片和礼品包装纸）；或者不同颜色、大小、质地和图案的布片（毛毡、棉、纱、法兰绒、人造丝和网布）；或者自然材料（小卵石、树叶、贝壳）；或者一些其他物品（扣子、小珠片、羽毛）。

❀ 塑料盒子、纸盘子和其他一些可以供儿童用来对拼贴画材料进行分类的容器（每个孩子三到四个容器）。

过程

请孩子们向教师讲一讲材料分类的情况以及他们是如何把材料粘贴在图画纸上的。问问孩子这些材料之间有哪些相同或不同。描述一下孩子们所做的事情,例如:"你把所有正方形的材料放在盒子中,然后把它们粘贴在角上了。"比较不同拼贴画的性质:"夏瑞尔(Sherelle)用了圆纽扣,翠西(Tracy)只用了长纽扣。胡安(Juan)没有用任何纽扣,但是他在拼贴画上粘了好多羽毛。"

孩子们的话:

"我只想在我的粘贴画中用墙纸。"

"红色的纸和红色的纽扣。"

"这张纸太大了,我需要把它裁开。我首先要把它们撕成小块。"

"我正在把羽毛放在粉色纸上面。"

"我需要三个盒子——(放)扣子、小扣子和羽毛。"

"我的材料都很亮,像金属。"

"看,埃莉(Ellie)的和我的一样,我们都有黄色。"

"我把通心粉粘到保姆的房间里了。"

"这个蓝的比那个深。"

"一个,两个,三个亮亮的圆圈。"

结束

和孩子们一起把没有用过的拼贴材料收集到一个盒子中,让孩子们决定排序的依据。问问他们在艺术区应如何放置这些材料才能方便今后在工作时间继续使用这些材料。

展示已完成的拼贴。如果一些孩子想在第二天继续做拼贴画,帮助他们找到一个安全的地方并做上"进行中"的标记。

延伸

- 在艺术区保存拼贴材料、图画纸和胶水，周期性地补充和更换材料。
- 告诉家长孩子们正在制作拼贴画，并请他们带来一些边角料添加到拼贴画材料中。
- 到以拼贴画和混合材料艺术品为特色的博物馆和美术馆做实地考察。在房间里，展示由著名艺术家创作的拼贴画和混合材料艺术品的复制品（例如：明信片），和孩子们谈论有关材料和技术的问题。

◆ ◆ ◆ ◆

数学关键经验

分类

探索并描述事物的相同点、不同点和属性

分类与配对

以多种方式使用并描述事物

描述某事物不具备的特性或不属于哪种类别

排序

比较属性（长/短，大/小）

将若干物体按某种序列或模式依次排列，并描述它们之间的关系（大/更大/最大，红/蓝/红/蓝）

空间

改变物体的形状和排列（包裹、弯曲、拉伸、堆叠和围绕）

其他关键经验

创造性表现

用黏土、积木和其他材料制作模型

语言和识字

描述物体、事件和关系

学前儿童观察记录量表中的数学项目（COR）

Y. 给物体分类

AA. 比较属性

BB. 数数

CC. 识别位置和方向

EE. 识别材料及其特性

全美数学教师理事会标准（NCTM）

代数

按大小、数目和其他性质整理、分类、排列

几何

认识、列举、建造、绘制、比较平面图形和立体图形并分类

描述平面图形和立体图形的特性和组成部分

探究、预测组合和拆分平面或立体物体的结果

描述、列举并解释空间中的相对位置，并应用这种相对位置的思维

第3节　小蜡笔

开始

告诉孩子们你需要他们帮忙回收一些旧的和坏的蜡笔，用来做成新的小蜡笔，在艺术区中使用。向他们展示做蜡笔的配方，让小组中的每个孩子都可以很容易地看到并使用。让孩子们帮你读出制作配方。从说一共有三个步骤要做开始，指着配方并说出数字1、2、3。接着，让孩子们帮你确认你的篮子里有清单中所必需的所有材料（列举每个提到的东西）：坏的蜡笔和用于分类的杯子。

过程

给每个孩子一杯蜡笔，看配方的第一步。让孩子撕掉其中一支蜡笔上的包装纸。讨论孩子们撕掉蜡笔包装纸所用的不同方法，如果需要还可让孩子互相帮助。

提示说："现在让我们一起进行第二步，

时　间

小组活动时间

材　料

♣ 每个孩子一个篮子，里面有一个杯子装着各种旧的或是坏的蜡笔，还有几个用于分类的 5 盎司①空蜡杯。

♣ 旧烤盘

♣ 写画在一张大纸上的小蜡笔的配方（配方见后文）

♣ 微波炉或烤箱

---

① 盎司：英制计量单位，1 盎司 =28.35 克。——译者注

我们要把蜡笔放在杯子里融化。"接着，和孩子们一起撕掉全部蜡笔的包装纸，把蜡笔放入杯子里。向孩子们说明你给蜡笔分类的方法，并观察孩子们是否用不同的方法来分类。要事先考虑到，有些孩子不会以颜色来分类。要分类的蜡笔包含不同深浅的颜色，例如蓝绿色，所以孩子们会在决定把蜡笔放在蓝色杯子还是绿色杯子时遇到挑战。

几分钟后，让小组成员通过测定哪些杯子是满的或者半满的，哪些杯子装的最多或最少来检查活动的进程。问问是否有孩子愿意一起填满那些带有某种特定颜色的杯子。

回顾一下制作蜡笔的配方并强调第一步和第二步已经结束（指着数字1和2），现在是进行第三步的时候了（指向数字3），把装蜡笔的杯子放在一个烤盘上，而后整个放入微波炉中。

孩子们的话：

"首先，我们需要把纸撕掉。"

"1、2、3、4、5个杯子。"

"这是个绿色的蜡笔，放在绿色的杯子中。"

"我把粉色的蜡笔和红色的放在一起，因为粉色就是淡红色。"

"把那只金菊黄的蜡笔放在黄色的里边，因为它们是一类的。"

"我们加热后，它们就会融化。"

"我蓝色的蜡笔已经满了，但是我需要更多黄色的。"

"蓝色的蜡笔最多。"

"嘿，我把橙色的蜡笔放在红色里面了！它和那里不搭。"

结束

告诉孩子们，你将要把蜡笔放进微波炉中用暖温加热，让他们预测将会发生什么。回答可能包括以下几种："这些蜡笔会融化"，"它们会变热变黏"等。向孩子们解释说微波炉会把杯子里的蜡笔融化，融化的蜡冷却之后，把装蜡笔的杯子去掉就得到可以用来画画的小蜡笔了。

延伸

- 把做好的小蜡笔放到艺术区。
- 在计划和回顾时间里，用这些蜡笔来写字和画画。
- 做足够多的蜡笔，以便每个孩子都能得到一些，供他们在小组绘画活动中使用，鼓励孩子们记住并描述他们是怎样制作蜡笔的。

◆　◆　◆　◆

数学关键经验

分类

分类与配对

描述某事物不具备的特性或不属于哪种类别

探索并描述事物的相同点、不同点和属性

数

点数物体

空间

填充和清空

改变物体的形状和排列（包裹、弯曲、拉伸、堆叠和围绕）

时间

预测、记忆和描述事件的顺序

其他关键经验

语言和识字

描述物体、事件和关系

学前儿童观察记录量表中的数学项目（COR）

Y. 给物体分类

BB. 数数

DD. 识别顺序、变化和因果

全美数学教师理事会标准（NCTM）

数

在理解的前提下数数，识别出一系列物品"有多少个"

用各种实物模型和表征将数字和数词与它们所要表示的数量联系起来

代数

按大小、数目和其他性质整理、分类、排列

描述量变，比如一个学生长高了

数据

根据事物的属性整理和分类物体，并整理有关物体的数据

小·蜡笔配方

1. 把蜡笔上的包装纸撕下。（画一个蜡笔，在它旁边粘一张包装纸，上写"把蜡笔上的纸撕下来。"）

2. 把蜡笔放入杯子里。（画一个盛有一根蜡笔的杯子，并写上"把蜡笔放入杯子里。"）

3. 把装有蜡笔的杯子放入微波炉内烤。（画一个放在烤盘上的杯子，并且用一个箭头指向一幅画有微波炉的画或照片，并写上"把装有蜡笔的杯子放入微波炉内烤"。）

第4节　洗衣服

开始

把儿童召集在装满水的洗衣盆或水桌周围。告诉他们你收集了一些需要洗的衣服，一些衣服适合给玩具穿（如洋娃娃、毛绒玩具、玩具人），一些衣服适合小朋友穿（如化装舞会上用的戏剧服装）。指出用于悬挂洗完的衣服的晾衣绳并分发给孩子们晾衣夹。

过程

和孩子们一起洗衣服，鼓励他们对衣服进行分类和做标记。例如，根据衣服的种类、大小和（或）颜色、质地、重量（干或相对比较干的时候）、脏的程度和湿的程度等等。当孩子们准备挂起衣服的时候，观察他们选择的是阳光充足之地还是阴凉处。评论他们的选择并问问他们，在其所选择的地点衣服会干得快一些还是慢一些。让他们比较阳光下和阴凉处衣服晾干的速度。

鼓励孩子们从不同的角度（前和后、近和远、底部）观察并描述悬挂的衣服。从不

时　间

户外活动时间（或室内小组活动时间）

材　料

❦ 一篮子干净的衣服或一些布，每个孩子几块（包括各种不同的尺寸、款式、颜色、形状、染色、模式、类型、手感、重量等等）。

❦ 装着温泡沫水的大塑料洗衣盆，方形盆或游戏水桌。

❦ 在阳光下和阴凉区都挂上晾衣绳（让儿童可以够到）。

❦ 晾衣夹（如果可以，用不同的颜色和款式，例如，有链子的和有沟槽的）

❦ 照相机

同的角度拍摄照片并于当天晚些时候或第二天让孩子们回忆拍摄这些照片的位置。

孩子们的话：

"这件衣服适合洋娃娃，但对于泰迪熊来说太大了。"

"我只洗小东西。"

(站在晾衣绳下)"这下面在下雨。"

"你洗蓝色的袜子，我洗红色的那双。"

"这个格子和我衬衫上的一样。"

"一颗、两颗、三颗扣子。"

"衣服上被阳光照过的地方很烫手。"

"我的一些衣服还是湿的，但是那件黄色连衣裙已经干了。"

"在家时，我会帮我的爸爸先把所有白色的衣服洗了。"

"因为我洗得最快，所以我洗衣服；因为马特（Matt）个子高，所以他可以把衣服挂起来。"

(边唱边弯腰)"上下，上下，这就是我们怎么洗—洗—洗的。"

结束

挂上最后一件湿衣服，和孩子们一起把洗衣盆和水桌弄干净。让他们把没有使用的晒衣夹根据颜色或类型放在容器中。把没有洗的衣服放回洗衣篮。

延伸

- 在当天晚些时候，把孩子们带到外面看衣服是否干了。让孩子们想想为什么一些衣服干了而另一些衣服却还是湿的。

- 提供给孩子们适合在水池里用的不同尺寸的容器，让他们在工作时间使用。

- 下过雨后，让孩子们预测和比较院子里东西干的速度，记录并且核实他们的预测。

◆　◆　◆　◆

数学关键经验

分类

探索并描述事物的相同点、不同点和属性

分类与配对

区别"部分"和"整体"

描述某事物不具备的特性或不属于哪种类别

排序

比较属性（长/短，大/小）

数

点数物体

空间

填充和清空

改变物体的形状和排列（包裹、弯曲、拉伸、堆叠和围绕）

从不同的空间视角观察人、位置和物体

体验和描述游戏场地、建筑物中和附近区域中的位置、方向和距离

时间

体验和描述一个运动速率

体验和描述时间间隔

预测、记忆和描述事件的顺序

其他关键经验

创造性表现

假装和角色扮演

语言和识字

描述物体、事件和关系

我比你大,我五岁

——学前儿童数学能力的发展

主动性和社会关系

创造并体验合作性游戏

运动和音乐

原地运动

描述运动

学前儿童观察记录量表中的数学项目（COR）

Y. 给物体分类

AA. 比较属性

BB. 数数

CC. 识别位置和方向

DD. 识别顺序、变化和因果

EE. 识别材料及其特性

全美数学教师理事会标准（NCTM）

数

在理解的前提下数数，识别出一系列物品"有多少个"

代数

按大小、数目和其他性质整理、分类、排列

描述质变

几何

认识、列举、建造、绘制、比较平面图形和立体图形并分类

描述平面图形和立体图形的特性和组成部分

测量

了解长度、体积、重量、面积和时间的属性

数据

向孩子提出问题，让他们收集有关自身和周围环境的数据

第 5 节　猜猜他是谁

开始

　　告诉孩子们你要为室内活动（例如，为大组活动时间挑选一首歌）选一个"神秘人物"。让所有的孩子起立，告诉他们你会给出有关这个神秘人物的一些线索，如果他们认为自己可能就是正在被描述的人，那就继续站着，其他人则坐下。

过程

　　给出有关神秘人物的描述性线索，例如："这个人有棕色的头发"。让孩子们思考他们是否可能是这个神秘人物。观察哪些孩子能够正确判断自己或其他人是否具备与众不同的特征。在每条线索之后，重述这样的指示："如果你有棕色的头发，请继续站着。如果你没有棕色的头发，请坐下。"

　　继续提供线索，直到只剩一个孩子站着。当孩子们熟悉这个游戏并且能成功辨认一种特征（棕色头发）的时候，提供某种可以让儿童同时考虑两种特征的线索，例如："这个

时　间
任何时间均可，只要在这段时间内可以挑出一个孩子或使一个孩子与小组其他孩子相区别即可

材　料

❧ 无

人有棕色的卷发。"

孩子们的话：

"那可能是我，我穿了带魔术贴的鞋。"

"麦迪逊（Madison），坐下，因为你不是一个男孩。"

"我有一个哥哥一个姐姐，所以那可能是我。"

"那不可能是你，你超过三岁了。"

结束

当只剩下一个孩子站着的时候，重新回顾所有给出的线索以确定这个孩子具备每一条特征。用同类型的描述线索过渡到下一个活动，例如，可以说"如果你三岁，那就去开始小组活动时间吧"。引导符合"三岁"这一特征的孩子参与到下一个活动。

其他可选材料/活动

* 让孩子们向你询问有关这个神秘人物身份的线索。根据经验，孩子们非常善于选择那些可以指向某一个人或者同时排除很多人的特征，例如："这个人穿的是一件蓝色的衬衣和棕色的短裤吗？"

延伸

* 在大扫除时间玩"我发现了……"的游戏，去描述那些需要整理的物品的具体特点。例如，说"我发现一些有流苏的东西"。在你提供的线索中引入新单词，例如**流苏**。
* 用单词"不"描述需要收起来的物体，例如"把一些不重的物体收

起来"。

- 在转换和改变反映儿童特征的词语时，使用歌曲"如果感到幸福，你就拍拍手"的调子，例如："如果穿了红色衬衫，你就洗洗手。""如果你有卷发，你就穿外套。""如果名字以 B 开头，你就去地毯上。"

◆　◆　◆　◆

数学关键经验

分类

探索并描述事物的相同点、不同点和属性

同时掌握一种以上特性

描述某事物不具备的特性或不属于哪种类别

排序

比较属性（长/短，大/小）

其他关键经验

语言和识字

描述物体、事件和关系

学前儿童观察记录量表中的数学项目（COR）

Y. 给物体分类

AA. 比较属性

EE. 识别材料及其特性

全美数学教师理事会标准（NCTM）

数据

向孩子提出问题，让他们收集有关自身和周围环境的数据

根据事物的属性整理和分类物品，并整理有关物品的数据

第6节 字母和数字的组成

时间

小组活动时间

材料

❧ 大字母（大写的和小写的）或者数字（例如木制的、硬纸板的、塑料的、泡沫的或其他材质的；数字或字母拼图的组成部分）。

❧ 记录纸，被分成三栏并以如下方式开头：其中一栏标有直线的标记并写有"直"字；另一栏标有弯曲的标记并写有"弯"字；最后一栏同时标有笔直和弯曲的标记并写有"直""弯"两个字。

❧ 为喜欢书写或描摹字母与数字的孩子准备纸和写字的材料。

开始

告诉孩子们，他们将要看到写好的数字或字母，看看哪些有直的部分，哪些有弯的部分，哪些既有直又有弯的部分。让孩子们告诉你"直"是什么意思。一些孩子可能会列举一些直的物体或者把他们的胳膊或腿弄直做例子。挑出一个字母或数字（例如一个大写字母E），用你的手指描绘直的部分。对弯的部分也这样来描述（例如，数字3）。

过程

让孩子们探索字母和数字，鼓励他们检查和感觉它们的组成部分。鼓励他们说出字母或数字的名称，或者为它们取个名字。使用例如**直线、弧形、圆、半圆、横线、曲线、上下、斜、点**等词汇，对数字或字母的组成部分进行评价。注意字母或数字的其他特征（例如，它们是长还是短）和其他相关信息（例如，一个孩子姓名的首字母，一个代表小组中孩子数量的数字，等等）。

当孩子们认出每个字母或数字具有直的或弯的部分时，把那个数字或字母写在记录纸相对应的栏中。鼓励感兴趣的孩子们在他们自己的纸上写或描摹字母和数字。

孩子们的话：

"C 是我名字的首字母。"

"字母 O 是一个圆圈。"

（拿着一个 L）"它从上到下都是直线。"

（拿着一个 A）"它的顶上是尖的。"

"H 的中间有一条横线。"

（拿着一个 B）"两个弧形和一条直线。"

（拿着一个 J）"它的底部是一个鱼钩。"

（拿着一个 K）"它只有直线，没有曲线。"

（拿着 B、C 和 D）"一个、两个、三个曲线。"

（拼出 T－I－M－E）"看，我拼写单词 TIME 用的都是直线。"

结束

和孩子们一起数数记录纸上每一栏字母和数字的个数，记下每一栏的总数目并讨论哪一栏多一些，哪一栏少一些，或者一样多。在孩子们选择的区域保存这些字母和数字以供他们在工作时间使用。

延伸

- 提供一些直的和弯曲的物品（纸张、硬纸板、木头、泡沫、烟斗通条或其他材料）以便孩子们组合创造出自己的字母或数字。

- 当孩子们看到印刷的字母（例如，自己小房间上印的姓名、书的标题和正文、日程表、区域或材料的标签、钟的表面）时，鼓励他们去观察这些数字或字母的组成部分是直的还是弯的。

- 到附近散步时找出一些字母和数字（从街道指示牌上、建筑物上、汽车牌照上等等），并观察它们的组成部分是直的还是弯的。带一个便笺本，以便让孩子们记下他们看见了多少个带有直的和弯的部分的字母或数字。

- 在大组活动时间，让孩子们用自己的身体（整个身体、腿和脚、胳膊和手、手指）组成字母和数字。

◆　◆　◆　◆

数学关键经验

分类

探索并描述事物的相同点、不同点和属性

分类与配对

以多种方式使用并描述事物

同时掌握一种以上特性

描述某事物不具备的特性或不属于哪种类别

数

比较两组物品的数量，决定哪个"更多"，哪个"更少"或者"数量相同"

点数物体

其他关键经验

语言和识字

描述物体、事件和关系

用多种方式书写：画画，涂鸦，写类似字母的字符，随意拼写，常规书写

用多种方式阅读：读故事书，读标志和符号，读自己的作品

学前儿童观察记录量表中的数学项目（COR）

Y. 给物体分类

AA. 比较属性

BB. 数数

EE. 识别材料及其特性

全美数学教师理事会标准（NCTM）

数

在理解的前提下数数，识别出一系列物品"有多少个"

用各种实物模型和表征将数字和数词与它们所要表示的数量联系起来

代数

按大小、数目和其他性质整理、分类、排列

几何

认识、列举、建造、绘制、比较平面图形和立体图形并分类

描述平面图形和立体图形的特性和组成部分

辨别和创造一些对称的图形

数据

向孩子提出问题，让他们收集有关自身和周围环境的数据

根据事物的属性整理和分类物品，并整理有关物品的数据

运用实物、图片和图表描述数据

第7节　观察鹅卵石

时　间

小组活动时间

材　料

❀ 给每个孩子一个装满小石头或鹅卵石的容器。

❀ 放大镜

❀ 记录纸

❀ 马克笔①

开始

给每个孩子一块石头，用放大镜观察，在一张大记录纸上记下孩子们在观察石头时所使用的描述性词语。把他们的注意力引导到描述所有石头的共同特征和他们所提到的不同特征上。

过程

给每个孩子一小盒石头或鹅卵石进行观察，问问孩子们他们是否能找到一些相同之处。观察孩子们是怎样给石头分类的，看看哪些孩子是通过颜色、大小、形状或质地对石头进行分类的，然后对你所观察到的进行评价。重复孩子们的描述并增添一些新词，例如：粗糙的、凸起的、斑斑点点的和闪光的。

---

① 马克笔：英文为"Marker"，一种可以用来写字与绘图的笔。——译者注

孩子们的话：

　　"这些石头上都有粉色和黑色的斑点。"

　　"这块石头比那块光滑。"

　　"我弄了一堆黑色的石头。"

　　"我有七块石头。"

　　"我的棕色石头比粉色石头多。"

结束

　　让孩子们帮你在记录纸上添加更多关于石头的词语。让每一个孩子挑一块他们喜欢的石头或鹅卵石进行描述。把孩子们的注意力引导到石头的相同点和不同点上。

延伸

● 在玩具区添加一篮石头和一篮放大镜，或者把鹅卵石放在沙堆中和水桌中。

● 让孩子们用滴管在鹅卵石上滴水，并记录下鹅卵石的表面是怎样变化的。

● 在完成这个活动第二天的回顾时间里，把（教室各个）区域的名称和标志写在纸杯的外面。让孩子们往相应的杯子中丢一块鹅卵石来表明他们在教室的哪个区域玩过。让孩子们轮流数每个杯子中鹅卵石的数量以判断在各个区域中游戏的孩子的数量，以及哪个区域中玩过的孩子数量最多，哪个区域中最少。

● 在课外活动时间，给孩子们提供小杯子，让他们收集更多的石头和鹅卵石。

● 设计一个使用石头和鹅卵石作为拼贴画材料的小组艺术活动。

◆ ◆ ◆ ◆

数学关键经验

分类

探索并描述事物的相同点、不同点和属性

分类与配对

描述某事物不具备的特性或不属于哪种类别

同时掌握一种以上特性

排序

比较属性（长/短，大/小）

数

比较两组物品的数量，决定哪个"更多"，哪个"更少"或者"数量相同"

点数物体

其他关键经验

语言和识字

描述物体、事件和关系

学前儿童观察记录量表中的数学项目（COR）

Y. 给物体分类

AA. 比较属性

BB. 数数

全美数学教师理事会标准（NCTM）

代数

按大小、数目和其他性质整理、分类、排列

数据

向孩子提出问题，让他们收集有关自身和周围环境的数据

根据事物的属性整理和分类物品，并整理有关物品的数据

第8节 音乐中的形状

开始

　　告诉孩子们，他们将在大组活动时间里使用不同形状的图形。一次举起一个图形，让孩子们告诉你每个图形的名称。对这个图形进行描述，例如："这个圈是圆的。""正方形有四个尖，但三角形只有三个。"

　　在地板上摊开这些图形，向孩子们解释下一个活动的规则：播放音乐的时候，每个人要从一个图形走到另一个图形上。当音乐停止时，每个人都要停下并且站在其中一个图形上。然后再根据他们所站的图形指示他们做一些事情。开始前教师要说一些提示性的话，例如："我要开始放音乐了，请你们做好准备从一个图形走到另一个上。当音乐停止的时候，站在最近的图形上。"

　　播放音乐，然后停下，确保每个人都站在一个图形上。然后说一些类似"站在正方形上的人，拍拍你的手"的话，停顿一会儿，再说"站在圆形上的人，摸一摸你的脚趾"以及"站在三角形上的人，扭扭你的手指"。然后再次播放音乐并改变指示。

时　间

大组活动时间

材　料

❀ 从厚纸上裁剪出来的大几何图形（圆形、方形、三角形），在地板上摆成一个圆圈。

❀ 用 CD 或者磁带播放轻快的进行曲

过程

播放过几次音乐后，鼓励孩子们说出他们想做的动作："现在站在圆形上的人应该做什么动作呢？"

当你确定孩子们理解这个游戏后，在指令中添加带"不"的表述，例如："如果你不是站在圆形上，把你的手指放在你的鼻子上。"

孩子们的话：

"我又站在正方形上了。"

"我还从没站到圆形上。"

"噢，太好了，一个蓝色的三角形！是我最喜欢的颜色和形状。"

"所有的圆都应该围成一个圈，就像一个大圆。"

"不，萨米（Sammy），你需要再等一下。你站在正方形上，而不是三角形。"

"我们中的三个人站在三角形上。"

"让音乐放快点，那样我就可以跑到那个红色的圆上。"

"为什么没有一个正方形是黄色的？"

结束

让孩子们记住他们站的最后一个图形。然后把图形收起来，让他们决定怎样去分类（通过形状、颜色或者两者一起），完成后保存在某个区域以便在接下来的工作时间使用。接下来根据孩子们站的最后一个图形转向下一个活动，例如，"如果你最后站在一个红色的正方形上，那请爬到衣帽架那里；如果你最后站在蓝色的三角形上，向后走直到拿到你的衣服"；等等。

其他可选材料/活动

- 在很多场合玩过这个游戏后，增加不同颜色的形状，以便孩子们可以同时根据形状和颜色来分类（红色和蓝色的正方形，绿色和蓝色的圆形，红色和绿色的三角形，等等）。根据两种特征可以进行以下活动，例如："站在红色正方形上的孩子双脚上下跳，站在蓝色正方形上的，请坐在地板上。"
- 从结实的防水材料（例如橡胶垫）中切割出不同图形用于户外活动。在户外活动时间玩这个游戏。建议做这个活动时和自然相联系，例如："站在红色圆形上的小朋友，请站到树下。"或者，"站在蓝色正方形上的小朋友，请坐在一朵黄色花的旁边。"

延伸

- 把这些图形存放在孩子们自己选择的某个地方，以便他们可以重复之前做过的跟着音乐走形状的活动，或是设计他们自己的游戏。
- 在计划时间和回顾时间里分发这些图形以决定孩子们做计划和回顾的顺序："拿到红色正方形的小朋友请先告诉我你的计划。"诸如此类，等等。
- 将一个图形藏在包里或布下，让孩子们猜它的形状和颜色。"你认为它是什么形状的？什么颜色的？"提供一些线索，例如："它的形状和瓶盖一样，颜色和太阳一样。"记录下他们猜对了一条还是两条特征。在游戏结束时把每一类问题回答正确的次数加起来。

◆ ◆ ◆ ◆

数学关键经验

分类

探索并描述事物的相同点、不同点和属性

分类与配对

同时掌握一种以上特性

描述某事物不具备的特性或不属于哪种类别

时间

当信号出现时，开始或停止一个动作

其他关键经验

运动

移位运动（非固定位置的活动：跑步、跳跃、跳绳、行走、攀登）

作用于运动方向

音乐

跟随音乐移动

学前儿童观察记录量表中的数学项目（COR）

Y. 给物体分类

AA. 比较属性

EE. 识别材料及其特性

全美数学教师理事会标准（NCTM）

代数

按大小、数目和其他性质整理、分类、排列

几何

认识、列举、建造、绘制、比较平面图形和立体图形并分类

描述平面图形和立体图形的特性和组成部分

第9节 给点心分类

开始

告诉孩子们今天的点心由多种成分组成。例如，什锦杂果里有饼干、坚果、葡萄干和芝麻棒。问孩子们："我想知道我们在什锦点心里能找到多少种不同的东西。"观察哪些孩子可以数出不同的成分。

过程

倾听孩子们描述他们观察到的不同点心的特点，并据此来扩充词汇，比如尺寸（小，更大）、形状（长、圆、薄）、质地（凹凸不平的、光滑的、脆的、糊状的）、颜色（深色、浅色、棕色或黄色）、口感（甜的、咸的）以及其他孩子们发现的与特征相关的词汇。观察并评论孩子们是把点心分成一堆，分开吃每一种点心还是先把它们混合到一起。使用包含减法的评论，例如："你有五个葡萄干，但是你吃掉了两个，现在剩下三个。"使用诸如"所有""一些"[比如，"瑞安（Ryan）吃掉了他所有的葡萄干，但是泰雷尔

时间

点心时间

材料

❀ 混合点心，例如，什锦杂果、水果沙拉或者拌蔬菜沙拉

❀ 每人一个合适的容器（杯子、碗、盘子、餐巾纸）

❀ 记录纸，在顶部列出成分（列），在底部写出孩子们的名字（行）

❀ 马克笔

（Tyrell）的那堆里还剩下一些"]或者"多""少"（"我的饼干比你的多"）等词语。在表格合适的栏中，用星号或者孩子选的其他符号标出孩子们最喜欢的食物。

孩子们的话：

"我有两种葡萄干，棕色的和黄色的。"

"我最喜欢饼干，但是我没有很多。"

"1、2、3、5、8，我这堆里有8颗花生。"

"饼干棒又长又细，但是芝麻棒又长又粗。"

"我可以把我的饼干堆起来，但是苹果片太滑了，它们一直往下掉。"

"我想用我的葡萄干换你的饼干。"

"我本来有很多巧克力棒，但是我全都吃完了。"

（把两个断了的饼干棒和一个完整的饼干棒从短到长排列）"这个断掉了很多，这个断了一点儿，这个一点儿也没断。"

结束

把点心都收拾干净，让孩子们讨论他们觉得最好吃的东西。记录下孩子们最喜欢哪个和最不喜欢哪个。

其他可选材料/活动

- 把不同类型的多口味点心放在一起，如把全麦饼干、各色各味的鱼形饼干和片状或块状的黄色和白色奶酪放在一起。

- 混合玩具。在小组活动时间，让孩子们拿来大量小玩具并把它们混在一个大碗里，然后对其分类，比较它们的各种特征并记下各自的数量。

延伸

- 让孩子和父母们为什锦点心带来一种原料（例如，可以让孩子们切开做沙拉的蔬菜或水果）。在小组活动时间，让孩子们边做沙拉边谈论食物的不同特征（外表、构造、口感）。然后在点心时间吃掉他们做的东西。

- 让孩子们从杂志上剪下各种食物的图片并做成班级食谱。让他们从家里也带一些图片来，特别是那些自己喜欢或熟悉的民族或地区的食物。和孩子们一起边看图片边写食谱，内容就是图片上的原料清单以及孩子们认为该如何添加这些原料的顺序。把食谱放在生活区或阅读区，鼓励孩子们用图片、字母、数字和单词画下或写下自己的什锦点心食谱。

- 提供一份什锦点心并写下孩子们的偏好，例如："迈尔斯（Myles）最喜欢西红柿，爱迪（Atti）也一样。詹娜（Jenna）最喜欢黄瓜。"记下孩子们的偏好并讨论最受欢迎和最不受欢迎的食材。

◆　◆　◆　◆

数学关键经验

分类

探索并描述事物的相同点、不同点和属性

分类与配对

区分"部分"和"整体"

排序

比较属性（长／短，大／小）

数

比较两组物品的数量，决定哪个"更多"，哪个"更少"或者"数量相同"

点数物体

空间

改变物体的形状和排列（包裹、弯曲、拉伸、堆叠和围绕）

其他关键经验

语言和识字

和他人谈论有意义的个人经历

描述物体、事件和关系

主动性和社会关系

制订并且表达出选择、计划和决定

学前儿童观察记录量表中的数学项目（COR）

Y. 给物体分类

AA. 比较属性

BB. 数数

EE. 识别材料及其特性

全美数学教师理事会标准（NCTM）

数

在理解的前提下数数，识别出一系列物品"有多少个"

代数

按大小、数目和其他性质整理、分类、排列

几何

认识、列举、建造、绘制、比较平面图形和立体图形并分类

描述平面图形和立体图形的特性和组成部分

数据

向孩子提出问题，让他们收集有关自身和周围环境的数据

根据事物的属性整理和分类物品，并整理有关物品的数据

运用实物、图片和图表描述数据

通过对数据整体与部分的描述确定其表示的内容

第10节　我的盖子在哪里

开始

　　告诉孩子们你有很多没有盖子的容器，它们都混在一起，你需要孩子们帮忙找出哪种盖子适合哪种容器。给他们看盛有容器和盖子的篮子，并让他们帮你把容器和盖子配好对。拿出一个容器，然后开始在篮子中寻找能配对的盖子，让孩子们看看你拿出来的盖子是否适合。一些孩子可能通过外表猜，其他人可能会通过试拧这个盖子来看是否适合。鼓励孩子们自己挑出一个或更多个容器并开始寻找合适的盖子。

过程

　　留心听孩子们关于瓶子和盖子的讨论，并扩展他们的观察和词汇量。例如："我看见你的瓶子顶上有一个小洞。你认为哪个盖子会适合那个小小的圆形开口？""你的瓶子是蓝色的，所以你正在找同样颜色的盖子。""雪蓉达（Shironda）为她的方形容器找到了方形的盖子。""耶利米（Jeremy）把一个瓶

时　间

小组活动时间

材　料

❤ 不同形状和尺寸并且配有盖子的塑料容器和瓶子（确保这些容器是空的、干净的），其中包括储存食物的容器、家用清洁剂的瓶子、装五金的盒子、化妆品盒、办公用品的盒子等。让每个家庭都捐出一些可回收的容器，可以包括以下几种类型：
以各种方式盖的盖子（拧的或拉的、喷的）
透明的和不透明的瓶子
不同颜色的瓶子
仍有标签的瓶子或上面有字和无字的瓶子

❤ 两个大篮子或整理箱，一个用来装容器，一个用来装盖子

子拿到他的眼前，瓶子是透明的，所以他能透过瓶子看东西。告诉我们你看到了什么，耶利米？"用一些类似"顶""盖子""圆的""方的""大""小""开口""关着的""拧""转动""挤""窄"和"宽"之类的词语。如果瓶子上有字，指出字母并且和孩子们一起读出来。鼓励孩子们两人一对或者结成小组解决瓶盖搭配的"难题"。

孩子们的话：

"我在找一个小盖子。"

"有没有人看到一个蓝色的盖子？"

"我有三个大的和一两个小的。"

"我的瓶子上有一个大 M，所以我要把它给米莎（Misha）。"

"这个太小了，不合适。"

"这两个一样，它们的顶上都有可以挤的东西。"

（指着摆成连续一排的四个瓶子）"看，这个最大，那个最小。"

"哎呀，盖子掉进去了，那说明它太小了。"

结束

把瓶子和盖子都分别收回篮子或整理筐中。在即将进行下一个活动时，让孩子们把自己的手想象成是不同类型的瓶盖，用不同的方式把手放在自己的头上。

其他可选材料/活动

• 用硬纸板和不同形状的盖子与纸盒搭配。

延伸

- 将装有容器和盖子的篮子放在生活区，挨着沙堆或水桌放置，或者拿到户外给孩子们玩。
- 鼓励孩子和每个家庭继续带来不同种类的容器和盖子，将它们添加到教室收藏中。
- 在准备时间或回顾时间使用一部分容器和盖子。把盖子放进一个大袋子里，然后给每个孩子一个不同的容器。举起一个瓶盖问问孩子们谁有合适的瓶子来配对。通过计划或回忆、重复，让所有的孩子都参与到活动中。
- 使用更多篮子或整理箱，在另一个小组活动时间里让孩子们根据他们选的不同标准（大/小、透明的/不透明的、圆的/方的、拧的/盖的、平顶的/扁顶的等）来给容器和盖子分类。

◆　◆　◆　◆

数学关键经验

分类

探索并描述事物的相同点、不同点和属性

分类与配对

排序

比较属性（长/短，大/小）

空间

组装和拆分

其他关键经验

语言和识字

描述物体、事件和关系

用多种方式书写：画画，涂鸦，写类似字母的字符，随意拼写，常规书写

学前儿童观察记录量表中的数学项目（COR）

> Y. 给物体分类

> AA. 比较属性

> EE. 识别材料及其特性

全美数学教师理事会标准（NCTM）

代数

按大小、数目和其他性质整理、分类、排列

几何

认识、列举、建造、绘制、比较平面图形和立体图形并分类

描述平面图形和立体图形的特性和组成部分

探究、预测组合和拆分平面或立体物体的结果

第三章

排　序

本章导读

　　所谓排序，指的是根据事物的不同点进行排列，比如从最小的到最大的，或者根据一个重复的序列或模式进行排列，比如红蓝交替的珠子。

　　与分类相关的关键经验有三种，每种下面又有具体的表述（详见第一章）。帮助幼儿获得这些关键经验是本章要解决的问题。

　　本章为读者提供了10个关于排序的活动案例。这些案例与艺术活动紧密联系，可以让幼儿在艺术创作中体验排序的内涵。比如，先为幼儿提供制作艺术作品所需要的材料，然后说明制作的要求，再让他们按照一定的排列模式进行艺术创作。这种与生活经验和其他领域活动相结合的数学活动正体现了高瞻课程的理念。

本章活动

11．插图的边框与画框

12．睡莲上的青蛙

13．我来找模式

14．排成一列

15．色卡

16．纸袋回顾

17．运动模式

18．把积木拿走

19．沙子面包房

20．颜料的色度

第 11 节　插图的边框与画框

开始

问问孩子是否知道什么是画框，听听他们
的描述。告诉孩子们他们将要为图画制作画框
或边框，向他们展示一幅已制作好的带画框的
样品，比如将红色贴纸和蓝色贴纸红蓝相间地
粘贴在图画的四周。提醒他们你的计划是用图
片做一个模式（pattern），看他们是否能够说
出是什么模式。

发给每个孩子一个装有装饰材料和胶水的
篮子，让他们选择为一张或多张图片做画框，
告诉孩子们他们可以使用这些材料来装饰，并
提示他们可以尝试制作自己的模式。

过程

对孩子们使用材料的方式进行归类和评
价，或者讨论他们设计出的图案。例如，你可
以说："你的边框上有一颗蓝星星和一条白边，

---

① 1 英寸约为 2.54 厘米。——译者注

接着再有一颗蓝星星和一条白边，贴满了整个边框。"或者，"你在你的纸上只用了纽扣。"鼓励孩子描述他们正在使用的材料以及要做的图案。让他们看一看其他孩子使用的材料和制作的图案，重点说明他们之间的相似和差异。加入新的词汇，如：模式、每隔一个、画框、边框、设计和装饰。

孩子们的话：

"我在使用星形和正方形。"

"他们贴满了整个边框。"

"先贴一个大圆，再贴一个小圆，再贴一个大圆。"

"红色、绿色、黄色，红色、绿色、黄色。"

"我想要再贴一个菱形，但是这儿没有空地儿啦。"

"我把贴纸粘满四周和中间啦。"

结束

在便利贴上写下孩子们的姓名并贴在他们的作品上，或者鼓励他们自己写上名字，把做好边框的图片挂起来或者让孩子放到他们的柜子里以便放学后带回家。和孩子们一起把没用完的材料分类整理并收拾干净。

延伸

- 在艺术区，把图片和装饰材料发给孩子，让他们在工作时间粘贴在彩色美术纸上。
- 工作时间当孩子们结束绘画后，问问他们是否想为自己的作品做一个画框。
- 做一本家庭相册（例如，可使用三孔活页夹），每个孩子一页，让家长带来孩子和父母的照片。在小组活动时间，让孩子为自己的单人照和全家照制作相框。

- 去框架材料商店或艺术博物馆观看画框中的模式。
- 介绍一些以图案为突出特征的艺术书，例如编织、篮筐、陶瓷瓦片（将一些诸如家居装饰、建筑设计、木工艺、手工制作等方面的杂志放到教室里，这些杂志要能反映使用在窗户、墙饰、木工、家具罩、楼面、建筑材料等上面的图案边框），把它们放到阅读区、生活区或艺术区，供儿童阅读。

◆ ◆ ◆ ◆

数学关键经验

排序

比较属性（长/短，大/小）

将若干物体按某种序列或模式依次排列，并能描述它们之间的关系（大/更大/最大，红/蓝/红/蓝）

分类

探索并描述事物的相同点、不同点和属性

区分并描述形状

空间

改变物体的形状和排列（包裹、弯曲、拉伸、堆叠和围绕）

其他关键经验

创造性表现

绘图与绘画

学前儿童观察记录量表中的数学项目（COR）

Z. 识别模式

AA. 比较属性

CC. 识别位置和方向

EE. 辨别材料及其特性

全美数学教师理事会标准（NCTM）

代数

认识、描述和扩展模型，如一段连续的声音和形状，或简单的数字模

型，从一种形式转到另外一种形式

分析如何重复和扩展模型

几何

认识、列举、建造、绘制、比较平面图形和立体图形并分类

描述平面图形和立体图形的特性和组成部分

第12节 睡莲上的青蛙

时间

小组活动时间

材料

🍀 两英寸宽的各色方形纸，每个孩子一个容器（内置扑克筹码或彩色牛奶瓶盖，物品可替换）。

🍀 每个孩子一条毛毡板或者小毛毯。

🍀 装有塑料小青蛙的篮子

开始

为孩子们讲述并表演一只青蛙（塑料小青蛙）的故事。这只小青蛙跳上彩色睡莲（两种不同颜色的方形纸），穿过了池塘（平整放在桌上的毛毡板）。把方形纸按不同颜色交替排成一排，例如：红色—黄色—红色—黄色，穿过毛毡板。当青蛙跳的时候，请孩子说出它跳上的方形纸的颜色。问问孩子们他们是否注意到睡莲排列的方式。根据需要改编故事，比如加入合适的动物形象，或者加入孩子们特别喜欢的动物。

过程

给每个孩子一个装有彩色方纸片、毛毡板和一只青蛙的容器，让他们讲述自己的青蛙和睡莲的故事，观察孩子如何在毛毡板上排列纸片。要事先考虑到，有些孩子会将纸片随机地放在板上，另一些则会按特定顺序排列，还有一些会把纸片按颜色分类或者将它们在桌上、地板上无序地排成一列。描述你所观察到的孩子的行为："你把红色的睡莲都放一起了。""你的青蛙跳到了黄色毛毡板上，然后是绿色板上，然后是黄色板上，再然后是绿色板上，下一个你想放什么颜色呢？"

孩子们的话：

"我的青蛙只喜欢黄色。"

"我正用一张红纸、一张蓝纸、一张红纸、一张蓝纸。"

"看，我的青蛙在往后跳。"

"我正在把所有橙色的方纸片放在这里，把蓝色的都放在另一边。"

"呀，我的青蛙掉下去了，它现在在水里游泳呢！"

结束

观察哪些孩子排出了模式，或者把方纸片按颜色分了类。在整理材料之前，询问孩子们是否愿意向小组成员展示他们在池塘里排列睡莲的方法，认真倾听孩子对自己排出的模式的描述。让孩子们把纸片放回盒子，把毛毡板叠好放在桌子中间，然后把青蛙放进一个篮子里。

其他可选材料/活动

● 用方纸片做一个 AB 模式（交替两种颜色，比如：蓝—黄—蓝—黄，依此重复），鼓励孩子们完成这个模式直到穿过毛毡板，让孩子挑战 AABB 模式（蓝—蓝—黄—黄，依此重复）、ABBA 模式（蓝—黄—黄—蓝，依此重复）、ABC 模式（蓝—黄—红—蓝—黄—红，依此重复）。

延伸

- 告诉孩子们，青蛙、"池塘"和"睡莲"都可以在玩具区拿到。
- 在准备阶段，用彩色方纸片做不同的 AB 模式路线，从毛毡板的一边到另一边，在每一条路线的末尾编注上活动区名和记号。让孩子们带着青蛙沿着这些路线一直跳到教室中他们想去的地方。
- 在大组活动时间，把花点或图形放到地板上，播放适合行进或散步的音乐。教师示范按某种模式走路，如：走到一个点上，然后走到地毯上，再到点上，再走回地毯上，诸如此类；或者，先踩在红点上，接着是黄点，然后红点，然后再黄点，等等。鼓励孩子为自己创造其他走步模式，让孩子轮流做领路者，为其他孩子设计可供模仿的路线。
- 在玩具区提供其他可供制作模式的材料，如堆高的彩色套圈、木质串珠、彩色小钉和小钉板。

◆ ◆ ◆ ◆

数学关键经验

排序

将若干物体按某种序列或模式依次排列，并能描述它们之间的关系（大/更大/最大，红/蓝/红/蓝）

分类

分类和配对

数

点数物体

其他关键经验

创造性表现

模仿动作和声音

把模型、图片、照片和实际情景、事物联系起来

运动

描述运动

学前儿童观察记录量表中的数学项目（COR）

Y. 给物体分类

Z. 识别模式

AA. 比较属性

BB. 数数

CC. 识别位置和方向

全美数学教师理事会标准（NCTM）

代数

按大小、数目和其他性质整理、分类、排列

分析如何创建重复且变化的模型

第 13 节 我来找模式

时 间

小组活动时间

材 料

❧ 墙纸样本（涂料店和商店
通常会赠送旧的壁纸，书）

❧ 剪刀

❧ 信纸尺寸的信封

开始

和孩子们讨论什么是模式（pattern），给
出一些例子或让孩子们举例，比如 T 恤上的线
条或者地板、天花板贴砖上的模式。

向孩子们展示一张墙纸样本，问问他们是
否可以找出一个模式，谈论这个模式是如何重
复的，同时能够分辨你指向的一个模式（如：
粗线条—细线条—粗线条—细线条）。

过程

给每个孩子一张墙纸样本或一本书和一把
剪刀，建议他们从里面找出一些模式并剪下
来，倾听孩子描述墙纸样本的方式，在孩子们
旁边一起工作，并描述你所看到的图案。

孩子们的话：

"我的图有大花和小花。"

"看这个：瘦—胖—瘦—胖。"

"我们的纸是一样的，只不过我的是蓝色
的，你的是绿色的。"

"我要把这页上的所有苹果都剪下来。"

结束

问问孩子们是否乐意保留剪下来的墙纸，你可以提供信封把它们装起来。告诉孩子们可以在艺术区拿到墙纸书或样本。

其他可选材料/活动

- 用包装纸代替墙纸样本，让家长们捐出旧的或因过小而无法用于包装的纸片。

延伸

- 把有模式图案的书带到教室，比如，带砌砖或栅栏图案的景观设计类书籍。
- 把零碎的材料（如布店零布头）带到教室，请家长带来有图案的旧衣服放在生活区，在孩子们能看到的教室区内陈列带有图案的艺术作品。
- 在点心时间准备或供应可摆成图案的食物（如不同颜色的水果条，深色和浅色的蔬菜，脆饼干条和葡萄干）。

◆　◆　◆　◆

数学关键经验

排序

将若干物体按某种序列或模式依次排列，并能描述它们之间的关系（大/更大/最大，红/蓝/红/蓝）

我比你大，我五岁
——学前儿童数学能力的发展

分类

探索并描述事物的相同点、不同点和属性

区分并描述形状

其他关键经验

语言和识字

描述物体、时间和关系

学前儿童观察记录量表中的数学项目（COR）

Z. 识别模式

EE. 识别材料及其特性

FF. 认识自然物和生物

全美数学教师理事会标准（NCTM）

代数

认识、描述和扩展模型，如一段连续的声音和形状，或简单的数字模型，从一种形式转到另外一种形式

分析如何创建重复且变化的模型

第 14 节　排成一列

开始

在小组活动桌子上放一些可以按某种维度排列的物品，告诉孩子你希望把它们按某种方式有序组织。在他们协助你排列完这些物品之后，发给每个孩子一个装有类似物品的篮子，让他们自由探索排列。

过程

和孩子讨论他们是如何排列材料的，留心听他们如何使用比较性词汇，同时你自己也要使用比较性词汇。重复、扩展、增加他们所使用的词汇，一些孩子可能会数一数他们所排列物品的个数。

时　间

小组活动时间

材　料

❧ 一组可以按不同维度排列的材料，比如从浅色到深色（布片、方形彩纸片）；从轻到重（装有不同数量的米或豆子的相同小袋）；从小到大（不同大小的塑料动物，积木）；或者从短到长［小木棍和小树枝、奎茨奈彩色棒①（Cuisenaire rods）］。

---

① "Cuisenaire" 是商标，这种彩色棒长短不一，颜色各异，可用于数学教学。——译者注

孩子们的话：

"这是宝宝纽扣、妈妈纽扣和爸爸纽扣。"

"这个最长，那个没这么长。"

"重的，不重的。"

"我重40磅①，可真重。"

"那个最重。"

"我把我的按顺序排好啦。"

（指着一堆东西）"所有大的都在这儿。"

结束

要求孩子们把材料放回小组活动的篮子里，并根据他们选择的排列属性进行下一步活动，比如从个头最矮到最高排列，或者按年龄最大到最小排列。

延伸

- 让孩子们注意贮存容器和陈列架上摆放的按照某种属性排列的物品（比如，按型号堆放的积木）。

- 多做一些储物盒、架子和标签，它们可以表现排列属性，这样孩子就可以按性质取用和放回物品。如，在架子上摆放上周长不同的罐子或不同大小的篮子（大、中、小）用以盛放不同材料。

- 在户外活动时间，收集鹅卵石、小树枝和其他物品，鼓励孩子按某种属性（重量、长度、颜色等）对它们进行排列。

- 在点心时间，准备不同口感的食物，比如混合葡萄干、棉花糖、脆

---

① 1磅≈0.45千克，40磅≈18千克。——译者注

谷片和脆饼干，或者一组水果，比如香蕉、葡萄和苹果。建议孩子听一听食物发出的响声，留意它们嚼在嘴里的感觉，然后进行讨论，比如哪种食物是最脆的，哪种食物是最软的。

- 在生活区添加一个磅秤和卷尺，供孩子们测量和排列各式物品。

◆　◆　◆　◆

数学关键经验

排序

比较属性（长/短，大/小）

将若干物体按某种序列或模式依次排列，并能描述它们之间的关系（大/更大/最大，红/蓝/红/蓝）

分类

探索并描述事物的相同点、不同点和属性

区分并描述形状

数

比较两组物品的数量，决定哪个"更多"，哪个"更少"或者"数量相同"

点数物体

空间

改变物体的形状和排列（包裹、弯曲、拉伸、堆叠和围绕）

其他关键经验

语言和识字

描述物体、时间和关系

音乐

探究和识别声音

学前儿童观察记录量表中的数学项目（COR）

Y. 给物体分类

Z. 识别模式

AA. 比较属性

BB. 数数

CC. 认识位置和方向

EE. 识别材料及其特性

全美数学教师理事会标准（NCTM）

数

在理解的前提下数数，识别出一系列物品"有多少个"

代数

按大小、数目和其他性质整理、分类、排列

认识、描述和扩展模型，如一段连续的声音和形状，或简单的数字模型，从一种形式转到另外一种形式

几何

描述平面图形和立体图形的特性和组成部分

测量

了解长度、体积、重量、面积和时间的属性

根据上述属性比较和排列物品

数据

根据事物的属性整理和分类物体，并整理有关物体的数据

第15节 色卡 (paint chips)

开始

给每个孩子一个装着不同颜色色卡的篮子，让孩子自己探索这些色卡并讨论它们的颜色。观察他们是如何排列色卡的。要事先考虑到：一些孩子可能把它们按色彩分类，另外一些按颜色从浅到深排列，和孩子们一起工作，并提及你组合你的色卡的不同方法。示范如何将色卡按颜色由浅到深进行排列。

过程

鼓励孩子描述他们在进行的工作，描述他们排列的色卡的色彩变化："你把四种黄颜色按由浅入深做了一组排列。"教师给颜色做上标签或者让孩子来做，并用一些词汇来描述颜色的深浅变化（浅/更浅/最浅，深黑/浅黑）。跟孩子一起数他们排列的色卡数目，几分钟后，为孩子们提供胶棒和纸来制作拼贴画。

时 间

小组活动时间

材 料

❀ 从油漆店或者五金店找来色卡（把板或条切成单独的片状），主要挑选三原色（红色、蓝色、黄色）和有明显深浅颜色变化的合成色（绿色、紫色、橘橙色）。

❀ 装色卡的篮子

❀ 胶棒

❀ 彩色美工纸

孩子们的话：

"我这一排都是绿色，这是我最喜欢的颜色。"

"这个颜色比那个浅。"

"吉米（Jimmy）那堆里有全部的深颜色。"

"粉红比大红颜色要浅。"

（试着在每根手指上放一块色卡）"1—2—3—4—5。"

"这些是浅色的。"（指着一排的右边）"这些颜色更深一点。"

"看，我做了个模式——浅蓝—深绿—浅蓝—深绿。"

结束

让孩子们把按颜色分好类的色卡放到不同的盒子里，教师可以跟孩子们一起决定中间颜色的色卡应归到哪种颜色类别里面（比如，蓝绿色是应该归入到蓝色篮子里还是到绿色篮子里）。

其他可选材料/活动

- 除色卡外，也可以用布店的碎布片或布头来做材料，还可寻找其他有深浅颜色变化的碎片材料。

延伸

- 将分好类的色卡放到玩具区或艺术区。
- 建议孩子尝试用颜料调出和自己所选的一样的颜色。
- 在活动过渡时间或作为完成一项计划的策略，分发给孩子们同色系的排列好的色卡，他们可以根据自己所拿色卡的顺序完成计划或者进行下一项活动（比如，拿最浅颜色色卡的孩子第一个去做计划，或者最先进行下一项活动）。（注：这项过渡活动需留出较以往更长的时间间隔，因为孩子们需要时间来比较他们各自的色卡。）

- 利用色卡设计游戏，可以让孩子们通过相互交换以获得同色系的色卡，然后对其进行排列。

- 把色卡散落放在教室的各个角落，让孩子从玩具、图片、书皮、插图、家具中寻找相似的颜色层次。

- 从孩子们熟悉的书中找一些带有渐变颜色的插图，并鼓励他们讨论这些渐变色。（注：为了让孩子将关注点放在书中的插图或非叙事部分上，必须首先确保他们非常熟悉书中的故事。）

◆　◆　◆　◆

数学关键经验

排序

比较属性（长/短，大/小）

将若干物体按某种序列或模式依次排列，并能描述它们之间的关系（大/更大/最大，红/蓝/红/蓝）

分类

探索并描述事物的相同点、不同点和属性

分类和配对

描述某事物不具备的特性或不属于哪种类别

空间

改变物体的形状和排列（包裹、弯曲、拉伸、堆叠和围绕）

其他关键经验

创造性表现

绘图和绘画

语言和识字

描述物体、时间和关系

学前儿童观察记录量表中的数学项目（COR）

Y. 给物体分类

Z. 识别模式

AA. 比较属性

DD. 识别顺序、变化和因果

EE. 识别材料及其特性

全美数学教师理事会标准（NCTM）

代数

按大小、数目和其他性质整理、分类、排列

认识、描述和扩展模型，如一段连续的声音和形状，或简单的数字模型，从一种形式转到另外一种形式

描述量变，比如一个学生长高了

第16节 纸袋回顾(paper bag recall)

开始

将三种尺寸不同的纸袋子放在桌上并谈论每一个的大小，讨论的内容可以包括如："我在想哪个袋子装得下咱们的一块空心积木呢?"或者，"什么东西可以放进那个最小的袋子里呢?"

时 间

回顾时间

材 料

♣ 三种尺寸不同的纸袋

过程

让孩子们想出一个工作时间曾用过的物品，让他们一个接一个地选个袋子来装这些东西，并拿回来放在桌子上展示给其他小朋友看。孩子们可能拿了大袋子装小东西，也可能拿了太大的东西以至于装不进最大的袋子。跟孩子讨论他们是如何决定选择拿哪种袋子的。

孩子们的话：

"它们是小袋子、中袋子、大袋子。"

"我把乐高玩具放进最小的那个袋子里。"

"我的积木露出袋子了，我需要一个更大的袋子。"

"朱丽叶斯（Julius）把车轨放在大袋子里了，可是它并不大，应该放在小袋子里。"

"我需要两个袋子——小的放小盘子，大的放大盘子。"

（把袋子并排放在书旁边，指着袋子口下方和书平行的位置）"这个袋子可以装下这本书，这本书只到这个位置。"

结束

在把物品放回架子上时，让拿着最小东西的孩子把他的物品最先放回来，然后让拿着稍小一些东西的孩子放，这样继续直到每个人都把物品归还回去。

延伸

- 在计划时间也可使用同样的方式来进行活动。
- 在清扫时间使用类似方式——让孩子们把东西放入不同大小的袋子里然后带到他们的储藏处。
- 在点心时间使用三种不同大小的杯子，三种大小不同、品种相同的点心，比如，提供小、中、大三种金鱼饼干和纸杯，鼓励孩子们自己在吃食物时根据大小将点心与杯子配对。

◆ ◆ ◆ ◆

数学关键经验

排序

比较属性（长/短，大/小）

将若干物体按某种序列或模式依次排列，并能描述它们之间的关系（大/更大/最大，红/蓝/红/蓝）

分类

探索并描述事物的相同点、不同点和属性

描述某事物不具备的特性或不属于哪种类别

数

将两组物体一一对应地排列

其他关键经验

语言和识字

描述物体、时间和关系

主动性与社会关系

参与小组活动

学前儿童观察记录量表中的数学项目（COR）

Z. 识别模式

AA. 比较属性

EE. 识别材料及其特性

全美数学教师理事会标准（NCTM）

代数

按大小、数目和其他性质整理、分类、排列

测量

了解长度、体积、重量、面积和时间的属性

使用工具测量

第17节 运动模式

开始

让孩子排在一列或一圈，告诉他们："我们要玩一个模式游戏，看看你们能不能找出这些模式。"让第一个孩子站着，第二个坐着，第三个站着，然后问孩子们："下一个人应该怎么做呢？"按这种方式完成一排或一圈，让孩子们猜测每个孩子都应该做什么，直到每个人都有机会轮到一次。

过程

设计其他 A—B—A—B 游戏模式，例如：轮流抬起一只胳膊和一条腿，或者脸朝前、朝后。两到三次之后，让孩子们自己来设计游戏模式。让孩子们帮你数一数他们做每种动作或在各个位置的人数（如：数一数站着的和坐着的人数分别是多少），当你大声说出数目的同时也要用手指向对应的孩子。

使用与模式设计有关的单词和短语，如**模式**、**设计**、**先一边然后另外一边**、**每隔一人**、**半个**、**一样和不同**、**这排的下一个人**、**重复**。

同样，也使用一些词语来形容孩子的动作和位置，如上—下—上，起立—坐下—起立，向前—向后—向前，高—低—高，扭摆—弯腰—扭摆，等等。鼓励孩子们去描述模式、位置和移动。

孩子们的话：

> "轮到约书亚（Joshua）站立了。"
>
> "你站起来我蹲下去。"
>
> "我想和莱克莎（Lakeisha）做一样的动作。"
>
> "看，我用洋娃娃做了个模式。"
>
> "坐着的人和站着的人一样多。"
>
> "我们可以按男孩—女孩—男孩—女孩这么排。"
>
> "站着的人先走。"

结束

让孩子提议一种运动模式，使他们可以过渡到下一个活动。比如，每隔一个孩子可以走到衣帽架去为户外活动做准备，而剩下的另一组则采用爬行方式过去。

其他可选材料/活动

- 让一个孩子通过轻拍其身体的两个不同部位开始一种动作模式，比如轻拍头和膝盖。让所有的孩子用重复的模式拍头和膝盖，问问别的孩子是否有新想法，变化动作从而使活动更加活跃。比如，孩子们可以合拢两条腿，然后再分开。

- 一旦孩子们掌握了 A—B—A—B 模式，便可以介绍其他诸如 A—A—B—B 的运动模式（比如：让两个孩子把手放在头上，紧挨着的另两个孩子把手放在屁股上，再接着的两个再把手放在头上，如此循环）。

- 孩子们掌握了这些简单模式（A—B—A—B 和 A—A—B—B 模式）后，就可以介绍更复杂的模式了，比如 A—A—B—A—A—B 和 A—B—C—A—B—C 模式。

延伸

- 分发给孩子们一些带有可活动部位的玩具（如玩具人、娃娃、塑料动物），让他们能够将其排列成不同的位置以及运动模式。
- 在户外活动时间玩一些模式游戏，使用某种运动模式让孩子从一个位置运动到另一个位置（如，从门到爬梯）。
- 让孩子设计新的位置和运动模式作为当天的过渡活动。

◆ ◆ ◆ ◆

数学关键经验

分类

比较属性（长/短，大/小）

将若干物体按某种序列或模式依次排列，并能描述它们之间的关系（大/更大/最大，红/蓝/红/蓝）

分类

探索并描述事物的相同点、不同点和属性

数

点数物体

空间

体验和描述游戏场地、建筑物中和附近区域中的位置、方向和距离

其他关键经验

语言和识字

描述物品、时间和关系

活动

原地运动（固定位置的活动：弯曲、绕转、摇摆手臂）

移位运动（非固定位置的活动：跑步、跳跃、跳绳、行走、攀登）

活动中表现出创造力

描述运动

作用于运动方向

学前儿童观察记录量表中的数学项目（COR）

Z. 识别模式

AA. 比较属性

BB. 数数

CC. 认识位置和方向

全美数学教师理事会标准（NCTM）

数

在理解的前提下数数，识别出一系列物品"有多少个"

代数

认识、描述和扩展模型，如一段连续的声音和形状，或简单的数字模型，从一种形式转到另外一种形式

分析如何创建重复且变化的模型

第18节　把积木拿走

时　间

清扫时间

材　料

❧ 成组的大空心积木
❧ 成组的小单位积木

开始

组合并标注教室架子上的材料可以帮助孩子学习分类和排列的数学概念。可以按照从最小单位到最大单位的方式排列、并分类各组积木，然后用纸标注每个架子上（或者地上）各部分积木的大小。当一个架子上堆好不同大小的积木时，在积木堆与积木堆之间扎上一条厚带子以区分不同的部分。

过程

在清扫时间，让孩子们通过与架子上标签所注明的大小相匹配将积木放回到架子上，观察哪些孩子把积木放回了正确的位置，或者哪些孩子将它们与相似的积木一起堆在地上，通过评论你所观察到的现象以支持孩子的行为，比如："马龙（Marlon），你把所有的小方块都放在架子上了。"或者，"奥利薇亚（Olivia），你这次把更大的积木拿走了，你要把它拿到哪里呢？"

孩子们的话：

（指着放有长积木的架子）"这儿有块长积木，把它放这儿。"

"我会把所有的小方块都收集起来。"

（把积木和标签相匹配）"这块积木放在这儿，因为它符合标签上的注释。"

（指着一组积木下面）"把那个积木放下面，因为它比较大。"

"最大的积木放在最下面，最小的放在上面。"

结束

当所有的积木都被放还到架子上后，让孩子们再次检查他们是否把积木都放到了正确的位置上。

延伸

- 按照大小把其他材料放到架子上，如按从最小到最大的顺序把坛坛罐罐挂在小钉板上，或者按大小把画笔分类放进不同的盒子里。
- 在计划时间，让孩子按从矮到高的方法排队以决定谁先开始，然后再改变一下顺序或者排序依据，如：不要总是按从矮到高排列，可以按除了身高之外的其他特点进行排序。
- 用大小不同的空汽水瓶做时间长度不同的沙漏或盐漏，给瓶子贴标签（如，计时一分钟、两分钟、三分钟的沙漏或者短计时、中等计时、长计时的沙漏）。孩子们可以用沙漏来判断需要多久可以轮到他们玩玩具或进行其他活动（注：有过冲突经历的孩子可以选择沙漏来确保公平公正）。
- 在评论孩子活动的时候使用比较性语言，例如："布兰登（Brandon），你把一个较短的积木放到一个较长的上面了。"

◆ ◆ ◆ ◆

数学关键经验

排序

比较属性（长/短，大/小）

将若干物体按某种序列或模式依次排列，并能描述它们之间的关系（大/更大/最大，红/蓝/红/蓝）

分类

探索并描述事物的相同点、不同点和属性

区分并描述形状

空间

体验和描述游戏场地、建筑物中和附近区域中的位置、方向和距离

其他关键经验

语言和识字

描述物体、时间和关系

主动性与社会关系

参与小组活动

学前儿童观察记录量表中的数学项目（COR）

Y. 给物体分类

Z. 识别模式

AA. 比较属性

CC. 认识位置和方向

全美数学教师理事会标准（NCTM）

代数

按大小、数目和其他性质整理、分类、排列

几何

认识、列举、建造、绘制、比较平面图形和立体图形并分类

描述平面图形和立体图形的特性和组成部分

测量

了解长度、体积、重量、面积和时间的属性

根据上述属性比较和排列物品

数据

根据事物的属性整理和分类物体，并整理有关物体的数据

第19节 沙子面包房

时间

工作时间、小组活动时间或户外活动时间

材料

❧ 沙盒或者沙桌（里面也可以装干豆、米或小碎石）

❧ 几套量杯

❧ 几套量勺

❧ 旧的厨房用具（各种勺子、小铲子、搅拌器）

❧ 旧塑料搅拌碗、松糕盒、蛋糕锅、饼干片

❧ 菜谱卡和马克笔

开始

在教室和户外提供不同大小的量杯、量勺和搅拌碗等厨房用具，支持孩子们围绕烹饪主题开展假装游戏。在工作时间，在沙桌上的小组活动时间，以及户外活动时，观察孩子如何用沙子装满量杯和量勺。

过程

跟孩子一起，模仿他们装、倒的动作。评论大小不同的量杯和量勺时，使用比较性的词汇，跟孩子谈论不同容器里的沙子数量，使用诸如**满的、空的、更多、更少**和**一样的**等词语。注意孩子们是否按刻度的渐变顺序叠放量杯并作出自己的比较。认真倾听孩子用勺舀沙子或填充松糕盒时的数数，或者听听他们在按照一个"菜谱"的规定游戏的情景中所使用的数字和顺序，在菜谱卡上写下孩子们的配料。

孩子们的话：

"这个杯子比那个大。"

"我需要三勺糖。"

"我的碗比较重因为我装的太多了。"

"首先，你要搅拌面糊，然后放在盘子里，烘焙 200 分钟，然后就可以了。"

"我把最大的饼干留给你了，因为今天是你的生日。"

结束

让孩子帮忙清空和清洗各种碗和用具，把材料放在生活区留待下次使用，或者把材料放在户外一个容易找到的地方用于沙盒游戏。

延伸

- 在生活区放一个食谱盒，从杂志上剪下食谱和图片，将其和根据孩子们口述记录下的食谱一同放入盒子里。
- 在生活区放一个烤箱定时器，供孩子们使用。
- 在计划或回顾时间分发大小不同的杯子，拿最大或最小杯子的孩子先做计划。做一个游戏，让孩子们猜一猜多少勺沙才能装满特定大小的一个容器。
- 在点心时间，让孩子猜测一下他们要（把果汁、牛奶或其他液体）倒至水壶的什么高度才能让每个人得到半杯、一满杯、两杯等。
- 观察孩子们是否会比较自己杯中和其他孩子杯中的果汁量。留心注意孩子们重新装满杯子、喝几口后再做比较的情况。

我比你大，我五岁
——学前儿童数学能力的发展

◆ ◆ ◆ ◆

数学关键经验

排序

比较属性（长/短，大/小）

将若干物体按某种序列或模式依次排列，并能描述它们之间的关系（大/更大/最大，红/蓝/红/蓝）

空间

体验和描述游戏场地、建筑物中和附近区域中的位置、方向和距离

分类

探索并描述事物的相同点、不同点和属性

区分并描述形状

数

比较两组物品的数量，决定哪个"更多"，哪个"更少"或者"数量相同"

点数物体

时间

当信号出现时，开始或停止一个动作

预测、记忆和描述事件的顺序

其他关键经验

创造性表现

假装和角色表演

语言和识字

用多种方式书写：画画，涂鸦，写类似字母的字符，随意拼写，常规书写

口述故事（食谱）

主动性与社会关系

与其他儿童和成人建立关系

学前儿童观察记录量表中的数学项目（COR）

Z. 识别模式

AA. 比较属性

BB. 数数

CC. 识别位置和方向

DD. 识别顺序、变化和因果

EE. 识别材料及其特征

全美数学教师理事会标准（NCTM）

代数

按大小、数目和其他性质整理、分类、排列

测量

了解长度、体积、重量、面积和时间的属性

根据上述属性比较和排列物品

掌握如何使用标准和非标准单位测量

第20节 颜料的色度

时　间

小组活动时间

材　料

❧ 给每个孩子三个盛颜料的
容器：一个盛原色（红
色、蓝色或黄色），一个
盛白色，另一个盛黑色。

❧ 纸和画刷

❧ 颜料搅拌器、勺和滴管

开始

让孩子们看这些颜料，并标注出原色、白
色和黑色，让他们思考，当把白色（或黑色）
加入到原色中后会发生什么。把白色或黑色倒
入一种原色中，搅拌，然后鼓励孩子描述他们
所看到的现象。

告诉孩子们，他们将要自己去探索当白色
或黑色加入到原色后会发生什么，使用类似
"更浅"和"更深"等词语。鼓励孩子独立去
尝试，可以直接把颜料倒入，或者用勺子、滴
管滴入容器里，他们可以观察容器里颜料色彩
的变化并且（或者）在纸上画出出现的颜色。

过程

和孩子一起讨论他们所看到的色彩变化，
强调随着加入的白色越多，原色是如何逐渐变
浅的，以及随着加入的黑色越多，原色是如何
逐渐变深的。让孩子参考其他人的变化后的颜
色，并与自己的颜色做比较。使用诸如："浅—
更浅—最浅"和"深—更深—最深""苍白"

"色度""色调""浓淡""红色""粉红""浅黄"和"深黄"等词汇。

鼓励孩子环顾教室四周或者看看自己的衣服，找一下调出来的相似颜色，并比较深浅度。鼓励孩子计算他们加入一定量的白色或黑色的次数，对测量感兴趣的孩子也可以计算并记录（清点）下添加了多少勺或多少滴颜料。如果孩子把色彩涂到纸上，在色彩下方备注一下加了多少勺或多少滴白色（或黑色）颜料之后变成了这种颜色。

孩子们的话：

"它在逐渐变浅。"

"我正在添加很多黑颜料。"

"这个是最深的，比我鞋的颜色还要深。"

"我调的颜色跟梅西（Macy）调的一样。"

"淡，淡粉色是我最喜欢的颜色。"

"如果我同时添加白色和黑色会变成什么样？"

"1 滴、2 滴、3 滴颜料。"

"记一下我加了三勺白颜料。"

结束

跟孩子一起清理颜料和调色工具，如果孩子想保留他们的纸，就在上面写上他们的名字并挂起来晾干。根据孩子衣服、鞋子的颜色选择不同的色度来确定下一个活动的顺序，如："现在，所有穿着深蓝色衣服或鞋子的孩子先洗手。接下来是穿中蓝色衣服或鞋子的孩子……现在，轮到穿浅蓝色衣服或鞋子的孩子洗手。"大声喊出其他的原色直到每个孩子都被轮到。

延伸

- 把原色、白色和黑色颜料，以及普通的和不常见的测量工具（勺子、滴管、转筒）都放到艺术区，让孩子在活动时间可以自由探索。
- 让孩子注意到玩具、房间里的家具、衣服、书本插图、植物和其他室内外物品上的颜色等级。
- 在户外活动时间，选择一个天空呈现不同颜色云朵（白色、浅灰、深灰）的时候，鼓励孩子观察这些云朵，并讨论他们所看到的不同色度。

◆ ◆ ◆ ◆

数学关键经验

排序

比较属性（长/短，大/小）

将若干物体按某种序列或模式依次排列，并能描述它们之间的关系（大/更大/最大，红/蓝/红/蓝）

分类

探索并描述事物的相同点、不同点和属性

区分并描述形状

数

点数物体

空间

填充和清空

其他关键经验

创造性表现

绘图和绘画

语言和识字

描述物品、事件和关系

学前儿童观察记录量表中的数学项目（COR）

    Z. 识别模式

    AA. 比较属性

    BB. 数数

    DD. 识别顺序、变化和因果

    EE. 识别材料及其特性

全美数学教师理事会标准（NCTM）

代数

按大小、数目和其他性质整理、分类、排列

测量

了解长度、体积、重量、面积和时间的属性

根据上述属性比较和排列物品

掌握如何使用标准和非标准单位测量

数据

向孩子提出问题，让他们收集有关自身和周围环境的数据

第四章

数

本章导读

　　获得数概念是幼儿园数学活动的主要目标之一。数概念的获得伴随着其他数学概念，比如分类、排序、一一对应等的产生。

　　高瞻课程有三种关于数概念的关键经验（详见第一章）。本章通过10个案例活动，帮助幼儿来获得这些经验。

　　首先，本章引入了一些数字学习活动，使幼儿在亲身参与活动的过程中学习计数、比较、一一对应等与数字相关的内容。

　　其次，本章借助于基本数学知识和能力的学习让幼儿理解数字与现实数量的关系，发展幼儿的数感，理解测量以及相对位置等几何概念，引导幼儿发展高级数学学习和探究的思维。

　　再次，根据数学知识安排的整体性原则，在数字学习活动中也贯穿了分类、排列、空间方位、时间顺序等数学关键经验知识，对儿童进行全面的数学教育。与此同时，还能在活动过程中发展儿童的语言、音乐动作、图画等多种表达能力和交往合作能力。

本章活动

第21节 蚂蚁行军

开始

在大组活动时间，先带领孩子们一起唱首"蚂蚁行军"歌（歌词在本节末）。小一点的孩子可能只能唱几小段。

时间

大组活动时间

材料

♣ 无

过程

让孩子们伸出手指，展示他们在歌曲中所唱到的数字1—10。对歌曲逐渐熟悉后，让他们就像歌中所唱的那样围绕着一个圆圈行进。

孩子们的话：

"我伸出了3个手指。"

"如果有100只蚂蚁怎么办？"

"牡丹花上有无数只蚂蚁在爬行！"

"快看！我正在倒着走！"

结束

作为活动的过渡，请孩子们像蚂蚁一样爬行或行军到下一个活动。

其他可选材料/活动

- 更换歌词中的动词，可以把歌词中的动词由"行军"改为"跳跃"或是"飞奔"。还可询问孩子们关于行进方式的其他建议。

- 将歌词中的"蚂蚁"改成其他动物，将"行军"改成对应动物的动作。比如：小兔子一个接一个地跳呀跳，小鹿两个接两个地跑呀跑，小鸟三个接三个地飞呀飞。请孩子们表演出这些动物的动作。表演时，鼓励他们和其他小伙伴结成团队（例如组成"两只小鹿""三只小鸟"等）。

- 请一个孩子从1—10中挑选出一个代表蚂蚁个数的数字唱出来。通过询问"还有什么可以和数字2押韵"来引导孩子们编出新的韵词。例如："蚂蚁们两个接两个地行军跑，一只小蚂蚁停下来啊停下来啊去挤胶。"孩子们会大声说出韵脚。重复孩子们说出的韵词，要猜想到一些韵词并不一定是实词，如"7（seven）/贝文（bevin）"①。

延伸

- 制作一本课堂歌曲集，这样孩子们就可以从里面选择每天在大组活动时间里所要唱的歌曲。把这本歌曲集中收录的每一首歌单独成页。

---

① 英文"7"（seven）的发音与"贝文"（bevin）发音相似，尤其是最后一个音节，发音相同，所以押韵。——译者注

配上一些图片来帮助理解歌词大意（如：蚂蚁翻越一座山丘，天空中有一朵乌云，一闪一闪的星星），并写上相应的标题。

- 为"蚂蚁行军"歌专门制作一本书。在每一页写上一行歌词，对应相应的蚂蚁数目和动作。使用有代表性的绘画（或照片、剪贴画），便于孩子们数数。为每一张图画标号（用具体拼写的数词）并标注出每一行歌词的动词。

◆ ◆ ◆ ◆

数学关键经验

数

点数物体

时间

当信号出现时，开始或停止一个动作

其他关键经验

主动性与社会关系

制订并且表达出选择、计划和决定

参与小组活动

音乐

跟随音乐移动

探究乐音

唱歌

运动

移位运动

语言和识字

以有趣的方式接触语言：编韵诗

学前儿童观察记录量表中的数学项目（COR）

BB. 数数

CC. 识别位置和方向

我比你大，我五岁
——学前儿童数学能力的发展

全美数学教师理事会标准（NCTM）

数

用各种实物模型和表征将数字和数词与它们所要表示的数量联系起来

附：歌曲

蚂蚁一个接一个地行军

蚂蚁一个接一个行军，乌拉！乌拉①！

蚂蚁一个接一个行军，乌拉！乌拉！

蚂蚁一个接一个行军，

一只小蚂蚁停下来找乐子，

他们朝下进到了地底下，

为了避雨。

嘭！嘭！嘭！

两个接两个地……绑鞋带。

三个三个地……爬上树。

四个四个地……关上门。

五个五个地……去潜水。

六个六个地……捡小棒。

七个七个地……祈祷上苍。

八个八个地……关大门。

九个九个地……读标志。

十个十个地……提笔写字。

---

① 原文为 hurrah，是欢呼声，可理解为"万岁、好啊"，此处音译。——译者注

第22节　　你受到招待了吗

开始

在点心时间聚餐时，告诉孩子们你需要他们帮你计算出今天需要分发的杯子数量。问问他们怎样才能解决这个问题。孩子们可能会先一个一个数出今天出席的人数。计算的结果可能会大相径庭。这时候你需要起身在孩子中边走边用手指点，和他们一起数以确定准确的人数。

时　间

点心时间

材　料

❧ 孩子的名单和字母联想卡①（提供给每个小组单独的记录纸）

❧ 为小组里的每个儿童提供一个内置一个杯子（或其他餐桌用具）的篮子。

过程

数一数桌上提供的餐杯有多少。问问孩子们："和我们在座人数相比，这些杯子是多了、少了，还是不多也不少？"如果杯子多了，请他们思考原因何在。在小组中展示写有孩子名字的名单表，从头到尾念出孩子们的名字并计算缺席人数。做个点评，例如：

"噢，我们平时有8个小朋友，但是今天

---

① 原文为 Letter links，国内还没有这样的玩具，是一种幼儿识字工具，将幼儿的名字和以幼儿名字首字母开头的物体的图片印在一起的小卡片。——译者注

艾比（Abby）和布伦特（Brent）没来。8 个减去 2 个还剩 6 个。所以我们只需要 6 个杯子。现在我们有 8 个杯子，比起我们所需要的数量，我们的杯子是多了还是少了？"

孩子们的话：

"这儿有 14 个小朋友。"

"少了。"

"迈尔斯（Myles）和爱莎（Aisha）生病了，还剩 2 个杯子。"

"克里斯（Chris）那组有 6 个孩子，苏那组有 8 个孩子。"

"苏（Sue）那组的杯子多。"

"如果迈尔斯在这儿的话，我们就需要 7 个杯子。"

"男孩儿更多一些。"

结束

孩子们吃完点心后，向他们提出一些问题，例如："如果明天萨米、亨特（Hunter）还有妮塔（Nita）和我们坐在一块儿的话，我们总共需要多少杯子呢？"

其他可选材料/活动

● 让孩子们数出每张小组名单上的人数，判断哪个小组的出席人数或缺席人数最多。

● 根据性别或年龄计算出席人数。

● 在回顾时间，鼓励孩子们回忆他们是自己独立完成还是和其他孩子合作完成了某个活动。如果是和其他孩子一同完成的，询问小组中共有多少人。接着，再问问是否有孩子在这个过程中加入或离开小组，这时候的小组人数又是多少。

延伸

● 在来园时间，请孩子们注意当天是否有人缺席。告诉他们班级的固定人数，再让他们计算当天的出席人数。（做此后续活动的最佳时间是在实行高瞻课程的后期，即在孩子们理解了来园时间的主要目的是预测、了解和讨论一天中将发生的事而非计考勤以后。）

◆ ◆ ◆ ◆

数学关键经验

数

比较两组物品的数量，决定哪个"更多"，哪个"更少"或者"数量相同"

点数物体

分类

区别"部分"和"整体"

其他关键经验

主动性与社会关系

参与小组活动

与其他儿童和成人建立关系

语言和识字

和其他人谈论有意义的个人经历

学前儿童观察记录量表中的数学项目（COR）

Y. 给物体分类

BB. 数数

我比你大, 我五岁

——学前儿童数学能力的发展

全美数学教师理事会标准（NCTM）

数

在理解的前提下数数，识别出一系列物品"有多少个"

增强对整数的认识，并能灵活地阐述和使用它们，包括关联、组合和拆分数字

理解加减整数的作用

第23节 点卡

开始

　　发给每个孩子一个装有点卡和其他一些小物品的篮子。以如下方式介绍这些物品："今天，我们的篮子里装有卡片和纽扣。你们从卡片上发现了什么？"给他们一些时间观察卡片上的小圆点数目或写在上面的数字。看看是否有人注意到卡片上的小圆点数目对应的恰恰是卡片上的数字。

　　发给每个孩子胶水，提示他们可以将自己拿到的小物品粘贴到点卡上。

过程

　　根据观察对孩子们的活动作出点评，如："安杰洛（Angelo），我看见你选了一张带有三个小圆点的纸片。"倾听孩子们关于自己所粘贴物品的描述，并注意看他们是否在粘贴前对自己的物品进行了分类。和孩子们一起工作，像孩子们那样使用材料。数一数小圆点的数目和粘贴到卡片上的物品数目，并观察孩子们是否也开始像你一样做。比较两张

时　间

小组活动时间

材　料

❀ 点卡——几张硬纸板或手工纸，上面有 1—5 个点。制作标有不同排列形式的小圆点（圆形、单行和分行排列、任意排列）的卡片，并在卡片的角落写上数字。

❀ 每个孩子一份的由同一种类的小物品组成的收集物（例如：各式各样的豆子、纽扣、小珠子，可粘贴的小标签或贴纸，自然物如橡树果、石块或瓶盖）。

❀ 篮子——用于盛放每个孩子的物品

❀ 胶水

❀ 水笔（马克笔、彩笔）或蜡笔

卡片上的圆点数，看看哪张圆点更多，哪张更少，或是两张卡片上的圆点数量相同。要估计到某些孩子可能无法一对一地匹配物品和小圆点，他们可能只是简单地玩弄物品或随意粘贴到卡片上。

孩子们的话：

"我选了一张有2个小圆点和一张有5个小圆点的卡片。"

（将物品和点相对应）"1个、2个、3个、4个纽扣。"

"我在找一张有4个小圆点的卡片。"

"这些纽扣比那些大。"

"我要在每个小圆点上粘2颗豆子。"

"这些小圆点组成了一个圆圈。"

（指着一张有2个小圆点的卡片和一张有5个小圆点的卡片）"这张卡片比那张卡片的小圆点多。"

"那是因为5比2大。"

"我在这个上面放得最多。"

结束

评价孩子们制作了多少张不同的卡片。询问是否有人愿意将自己的卡片展示给其他孩子看。让孩子们将没有使用的材料放回到篮子里。

延伸

- 将空白卡片、物品和胶水留在艺术区或其他区域，便于儿童在工作时间使用。
- 在玩具区增添多米诺骨牌和骰子。
- 在回顾时间，鼓励孩子们比一比，在利用自己所选的点卡做了些什么方面，谁和大家分享的细节更多。

◆ ◆ ◆ ◆

数学关键经验

数

比较两组物品的数量，决定哪个"更多"，哪个"更少"或者"数量相同"

将两组物体一一对应地排列

点数物体

分类

区别"部分"和"整体"

空间

改变物体的形状和排列（包裹、弯曲、拉伸、堆叠和围绕）

其他关键经验

语言和识字

以各种方式书写（数字）

以各种方式阅读（数字）

学前儿童观察记录量表中的数学项目（COR）

Y. 给物体分类

BB. 数数

全美数学教师理事会标准（NCTM）

数

在理解的前提下数数，识别出一系列物品"有多少个"

增强对整数的认识，并能灵活地阐述和使用它们，包括关联、组合和分解数

用各种实物模型和表征将数字和数词与它们所表示的数量联系起来

代数

按大小、数目和其他性质整理、分类、排列

使用实体的、图示的和语言的表现方式来增进对新旧符号记法的理解

第 24 节 有多少人在积木区玩耍

开始

告诉孩子们，他们将制作一张图表用于展示每个人在工作时间都在哪个区域游戏了。向他们说明这张图表将要显示在教室的各个区域内有多少来自小组的孩子在其中游戏，并要求他们通过计算得出哪个区域人数最多，哪个区域人数最少。

过程

让孩子们一个接一个地在各个区域的纸上用橡皮印章做个记号以表明他或她在该区玩过游戏，并说明他们都玩了些什么。请大家一起来数每个小朋友盖过戳的活动区的数目，并以如下方式和孩子们进行交流："埃伦娜（Elena），你在艺术区和玩具区各盖了一个戳，这表示你玩过这两个地方。"让孩子们注意看哪个区域盖的戳最多，哪个区域的戳最少，向他们解释这意味着在这些区域有更多或更少的孩子游戏过。作出如下评价："在生活区一共盖有 3 个印戳，但是尤尤（JoJo）

时 间

回顾时间

材 料

❦ 将大张纸分割成横条，用一条标记教室中的一块兴趣区。

❦ 橡皮印章和印泥

❦ 水笔（马克笔、彩笔）或蜡笔

113

刚刚跑到别的区玩耍去了，那么现在生活区还有几个人呢？"

孩子们的话：

"我都玩儿遍了。一共是 1、2、3、4、5、6 个区域。"

"积木区的戳比生活区的戳更多。"

"没人在木工区玩，那意味着 0。"

"大多数小朋友今天都去积木区玩了。"

"这儿本来有 5 个戳，但是我新盖了 1 个，现在是 6 个戳。"

"最多的地方盖了 8 个戳。"

"我先去了积木区，然后又到生活区玩了。"

结束

等所有人都盖完戳后，请大家一起对图表做个总结。让孩子们轮流数一数各个区域所盖的戳的数目，并在纸上挨着该区域写下对应的数字。对于书写特定数字需要帮助的孩子，提供数字卡供其参考。让孩子们计算在哪个区域游戏的孩子最多，哪个区域的孩子最少。指出有最多孩子游戏过的区域数字最大，而有最少孩子玩耍过的区域数字最小。

其他可选材料/活动

- 在小钉板上贴上写有兴趣区域名称的标签。让孩子们在小钉板上代表他们玩过该区域的位置插入小钉。

延伸

- 制作一张和回顾表相同的计划表。让孩子们在他们准备最先去玩的区域上盖上戳，并告诉你他们在那个区域的安排。
- 制作一张和大表相似的每个人自己的回顾表。让孩子们在自己的表上盖戳以说明他们所玩过的地方。让孩子们数数玩过几块区域，并在纸上写下对应的数字。
- 在教室的一个大区里（如积木区）进行一个课堂回顾。制作带有区域标志和标签的大卡片，并将它们摊在地上。让孩子们站在写有他们玩过区域名称的卡片上，告诉大家他们都在那里玩儿了些什么。如果还在其他区域玩过，他们可以移动到另一张卡片上。记录下在每个区域玩过的孩子的人数，最后做个汇总。
- 将空白记录纸放在教室的各个区域，同时在教室外也放一些纸，以鼓励孩子们对日常生活中的事件、材料和人物自发制图。

◆ ◆ ◆ ◆

数学关键经验

数

比较两组物品的数量，决定哪个"更多"，哪个"更少"或者"数量相同"

点数物体

分类

描述某事物不具备的特性或不属于哪种类别

时间

预测、记忆和描述事件的顺序

其他关键经验

语言和识字

以各种方式阅读

我比你大，我五岁
——学前儿童数学能力的发展

学前儿童观察记录量表中的数学项目（COR）

AA. 比较属性

BB. 数数

全美数学教师理事会标准（NCTM）

数

在理解的前提下数数，识别出一系列物品"有多少个"

增强对整数的认识，并能灵活地阐述和使用它们，包括关联、组合和分解数

用各种实物模型和表征将数字和数词与它们所表示的数量联系起来

数据

向孩子提出问题，让他们收集有关自身和周围环境的数据

运用实物、图片和图表描述数据

第25节　记录得分

开始

在小组活动时间，提供一些泡沫球或毛绒布球，让儿童把这些球投入一个目标物，如菜篮子或奶箱，以满足他们对投掷的兴趣，并鼓励教室内的运动。篮子可以放在地上或放在一堆积木上，使其看起来更像篮球筐。在室外，可以使用篮球筐或制作相似的球筐以及不同大小的室外球。为孩子们提供足够多的篮子，这样他们可以使用自己的篮筐而无须排队等待。

当孩子投球时，对他们和球所产生的动作进行描述，如："你投球时手臂越过了头。""球从框边上弹开了。"和孩子们一同游戏。让他们思考如果在靠近或远离球筐时，需要如何改变投掷动作。

时　间

小组活动时间
户外活动时间

材　料

❀ 在教室内使用的软球（泡沫制或布制的）或豆袋①；在室外使用的室外球②。

❀ 干擦板和马克笔或带有纸、铅笔的剪贴板

❀ 在室内使用的奶箱、大菜篮或大水桶；室外使用的篮球筐。

---

① 游戏用的装了豆子的小袋。——译者注
② 篮球的用球分为两种，一种用于室内，皮料较软；另一种用于室外，皮料较硬。——译者注

117

过程

向孩子们介绍干擦板（或纸）和马克笔，问问他们是否愿意记录下自己的投球个数。再问问他们是否想给投中的每一个球作记录，或者希望在投中球后由你来帮他们在干擦板或纸上作下标记。

孩子们的话：

"我没投中。我需要站得再近点儿。"

"我先投，你第二个投，J. P. 最后投。"

"这个球弹进框，又弹出了。"

"我们把篮子放高些吧，这样太容易了。"

"1、2、3、4、5、6、8。"

"我们打了个平手。我们都投中了4个球。"

"你投中的球更多。"

结束

在几轮过后，计算所作标记的数目。孩子们可能会希望将所有得分加在一块记录一个集体的分数。另一些孩子可能会使用"多"或"少"之类的词来比较得分。看看他们是否能够确定得分之间的数字差异［"乔纳斯（Jonas）投中5个球，我投中3个。他比我多2个"］。

其他可选材料/活动

- 使用报纸和胶带制作球。

- 在户外活动时间，用粉笔在地上画出圆形和方形，让孩子们投掷不能弹跳的物品，如旧钥匙。确保不会因为目标对象过小而给孩子们的投掷造成困难。提供制表材料来记录他们的得分。

延伸

- 在教室内放一桶泡沫球供孩子们在工作时间使用。
- 在大组活动时间投接软球。
- 在孩子们洗完手后，对他们将擦手的纸巾投入垃圾箱的行为记分。
- 计划时间，在不同水桶上贴上写有教室各区域名称及记号的标签。让孩子们将球投入到代表他们想要最先玩的区域的水桶里。

◆ ◆ ◆ ◆

数学关键经验

数

点数物体

比较两组物品的数量，决定哪个"更多"，哪个"更少"或者"数量相同"

空间

体验和描述游戏场地、建筑物中和附近区域中的位置、方向和距离

时间关系

预测、记忆和描述事件的顺序

其他关键经验

创造性表现

假装和角色扮演

主动性和社会关系

与其他儿童和成人建立关系

创造并体验合作性的游戏

对他人的感受、兴趣和需要敏感

我比你大，我五岁

——学前儿童数学能力的发展

动作

原地运动

移位运动

携带物品移动

描述运动

学前儿童观察记录量表中的数学项目（COR）

BB. 数数

CC. 识别位置和方向

DD. 识别顺序、变化和因果

全美数学教师理事会标准（NCTM）

数字和运算

在理解的前提下数数，识别出一系列物品"有多少个"

培养对相对位置、整数大小、序数词、基数词及其关系的理解

增强对整数的认识，并能灵活地阐述和使用它们，包括关联、组合和分解数

用各种实物模型和表征将数字和数词与它们所表示的数量联系起来

几何

描述、列举并解释空间中的相对位置，并应用这种相对位置的思维

描述、列举并解释空间的方向和距离，应用有关方向和距离的概念

数据

运用实物、图片和图表描述数据

第26节　数字探索之旅

开始

告诉孩子们在小组活动时间将要到附近散步。讨论他们可能会在路上看到些什么。提出如下建议："我想知道我们是否会看见卡车。"或者"我想知道我们将会看到多少停止标志。"告诉孩子们记录卡车或其他孩子们所提及事物的数量将会是件有趣的事。在纸上写下两三个孩子建议寻找的事物，并将其贴在剪贴板上以供散步时随身携带。

过程

在校园附近散步时，一旦有人看见单子上所列出的事物，教师就在纸上做一个标记（也可让儿童自己轮流做标记）。应注意到孩子们在散步时所发现的其他事物，教师可征求他们的意见以决定是否将这些事物添加到单子里。一段时间后稍作停顿，统计下每样事物旁边的标记各有多少。

时　间

户外小组活动时间

材　料

❧ 配有铅笔或圆珠笔的剪贴板

孩子们的话：

"我觉得我们能看见许多房子。"

"那有辆蓝色的卡车，可以在单子上记一个标记。"

"这是一辆客货两用车，那是一辆邮车，它们是不同的。"

"这辆客货两用车更大一些。"

"我看见了两个停止标志。一个在这儿，另一个在马路对面。"

"再记下一个标记，现在一共有4个了。"

结束

回到教室后，把孩子们聚集到一块儿讨论他们见到的事物。让他们帮你数一数所看见的每样物品的数量，并判断哪个物品数量最多，哪个数量最少。

其他可选材料/活动

- 数一数下列事物的数目：一栋建筑物的窗户、走廊的台阶、街上的树木、开门的人、红色的屋顶、白色的汽车等。鼓励孩子们进行比较，比如：这两栋房子哪一栋的窗户或门更多；和一段长人行道相比，一段短人行道的铺路方块有多少；比起小院落，大院落中有多少根栅栏。

- 计算在散步中看到的事物所用的时间。例如，计算一个交通指示灯变化需要多少秒；从某个建筑物的一端走到另一端要走多少步路；以及第一个人到最后一个人抵达消防栓一共用了多少时间。

延伸

- 在室外活动时间，寻找游戏场地上的不同物体并统计其数目，比如爬梯上横档的数目或院子里树的数目。
- 在室外活动时间，让孩子们告诉你他们愿意在秋千上被推几下。推他们时，让他们数数你推的次数。
- 将剪贴板添加到书写区。鼓励儿童制作自己的物品清单以供计数。
- 在回顾时间，让儿童计算从桌子走到玩耍的地方所需的步数。
- 将算术书添加到阅读区。

◆　◆　◆　◆

数学关键经验

数

比较两组物品的数量，决定哪个"更多"，哪个"更少"或者"数量相同"

点数物体

排序

比较属性（长/短，大/小）

空间

从不同的空间视角观察人、地点和事物

体验和描述游戏场地、建筑物中和附近区域中的位置、方向和距离

其他关键经验

语言和识字

描述物体、事件和关系

以各种方式阅读

动作

作移位运动

学前儿童观察记录量表中的数学项目（COR）

AA. 比较属性

BB. 数数

CC. 识别位置和方向

全美数学教师理事会标准（NCTM）

数

用能理解的方式计数并了解一系列物品"有多少"

增强对整数的认识，并能灵活地阐述和使用它们，包括关联、组合和分解数

几何

描述、列举并解释空间的方向和距离，应用有关方向和距离的概念

数据

向孩子提出问题，让他们收集有关自身和周围环境的数据

第 27 节　植物排排种

开始

　　告诉孩子们，我们将要建造一个属于班级的小花园。分发给孩子们不同的种子包，讨论每种植物的名称，并向他们展示每种种子的外观，帮助他们认识不同种子的大小和质地。鼓励孩子们分享关于图片上所示物品以及种植过程的个人经验，和他们一同计算种子包的个数，每数一个数字就用手点一下种子包。

过程

　　和孩子们谈论如何播散种子——将种子埋入地下，将种子种成一排，在种子与种子之间留出空隙这样才会有空间生长。在桌子上用一些种子做个示范。

　　发给每个孩子一把锄头或铲子，带他们到事先准备好的花园中。和孩子们一起决定每种种子分别种在什么地方，然后用小棍做下标记，在小棍上绑上空种子包作为标签。和孩子们一起在对应区域种上不同种类的种子。他们可以选择从不同区域开始工作。要

时　间

户外活动时间（或户外小组活动时间）

材　料

❧ 包含各种适宜在你所在地区种植的花和其他植物种子的种子包（选择印有明亮清晰图案的种子包；选择不同大小和质地的种子）

❧ 扁平的小容器或碗，一个容器盛放一种类型的种子

❧ 花园（有新翻的泥土并可投入种植）

❧ 园艺工具（耙子、锄头、铲子、铁锹——提供足够的工具保证每个孩子都能有可用的）

❧ 洒水壶

事先考虑到，有些孩子可能只会简单地翻土或挖个大洞，把几颗种子扔进去。

孩子们的话：

> （数种子包）"1、2、3、4、5，一共有5种种子。"
> "最大的种子是豆子的种子。"
> "你要把它们往下推，这样它们才会全都被土盖住。"
> "嘿，他把这个小的放这儿了，它不属于这一类的。"
> "你的种子比我的大。"

结束

讨论需要多长时间浇一次水——是需要每天浇还是隔天浇？和孩子们一同清理并收拾园艺工具。

在一段时间内观察花园里的变化。记录下孩子们对这些变化的描述。

延伸

- 将园艺工具放在生活区，每天把它们带到户外。
- 画一张花园图，用词语和图片展示每一排都种了哪些植物。
- 制作一张浇水人员安排表，这样孩子们就可以轮流给园子里的植物浇水，并在浇完水后在表上自己的名字旁边画个对钩。
- 每周拍摄几张（花园）的照片，并张贴出来，以便儿童跟踪植物的生长过程。让孩子们讨论哪些种子最早发芽，以及不同类型种子的相对生长速度等。
- 等植物长成后，采集一些鲜花放到花瓶里，尝尝种出的蔬菜。邀请家长们一起来参加丰收派对，让他们把家里花园的图片和种植的农产品也一起带来分享。

- 演唱有关园艺的歌曲，例如《花园歌》（见本节末）。当唱到"一寸一寸地，一排一排地，我们要让花园开花结果"这一段时，将歌词中的"我们要让**花园**开花结果"的"花园"一词改为孩子们种植的其他具体植物的名称，例如，"一寸一寸地，一排一排地，我要让我的**三色堇**开花。"

◆ ◆ ◆ ◆

数学关键经验

数

比较两组物品的数量，决定哪个"更多"，哪个"更少"或者"数量相同"

将两组物体一一对应地排列

点数物体

分类

探索并描述事物的相同点、不同点和属性

排序

比较属性（长/短，大/小）

空间

体验和描述游戏场地、建筑物中和附近区域中的位置、方向和距离

在绘画、图片和照片中说明空间关系

时间关系

体验和描述时间间隔

预测、记忆和描述事件的顺序

其他关键经验

语言和识字

和其他人谈论有意义的个人经历

描述物体、事件和关系

用多种方式书写

学前儿童观察记录量表中的数学项目（COR）

AA. 比较属性

我比你大，我五岁
——学前儿童数学能力的发展

BB. 数数

CC. 识别位置和方向

DD. 识别顺序、变化和因果

EE. 识别材料及其特征

FF. 认识自然物和生物

全美数学教师理事会标准（NCTM）

数

在理解的前提下数数，识别出一系列物品"有多少个"

用各种实物模型和表征将数字和数词与它们所要表示的数量联系起来

代数

使用实体的、图示的和语言的表现方式来增进对新旧符号记法的理解

描述量变

几何

描述、列举并解释空间的方向和距离，应用有关方向和距离的概念

测量

识别长度、体积、重量、面积和时间的特征

数据

向孩子提出问题，让他们收集有关自身和周围环境的数据

运用实物、图片和图表描述数据

附：歌曲

花园歌

作者：大卫·马里特（David Mallett）

一寸一寸地，一排一排地，我们要让花园开花结果。

我们需要的不过是一把耙子和一把锄头，以及一块肥沃的土地。

一寸一寸地，一排一排地，有人来保佑我所播撒的这些种子。

有人从地下来温暖它们，直到雨水将它们滋润。

第28节　十人挤一床

开始

在大组活动时间，介绍《十人挤一床》这首歌（见本节末），让儿童举起 10 个手指头来唱。和他们一起数一数指头的个数，每数一下，同时摆动每个手指头（对于刚开始学数数的孩子，可以唱《五人挤一床》或使用一个更小的数字。当孩子们对大的数字更为熟悉时，逐渐增大歌曲中的数字）。

过程

唱《十人挤一床》这首歌。唱完第一段歌词后，放下一根手指，然后重新计算剩下的 9 根手指。告诉大家本来有 10 个人挤在床上，但是你把一个带走了，所以现在只剩下 9 个了。继续唱这首歌，每次递减一个数字。

孩子们的话：

孩子们正确地数出他们举起来的手指的数目。

"现在没那么多人在床上了。"

时　间
大组活动时间

材　料
无

（回答老师提出的问题：找一个比 8 小的数字掉下床）"6 个掉下去了。"

"空间更大了，因为只剩下 2 个人。"

"当所有人都掉下床后，就没有人在床上了。"

结束

作为向下一个活动的过渡，可先让孩子们躺在地上假装睡觉，然后从中挑出一个孩子让他在周围轻轻地走动，摸摸每个小朋友的脑袋。被摸脑袋的小朋友翻身起立，等所有人都起身后再接着开展下一个活动。

其他可选材料/活动

- 当孩子们对歌曲熟悉后，改变掉下床的数目："有 10 个人挤在一张床上，小小孩说，'翻一翻，滚一滚'。因此，他们全都在床上翻滚，有 2 个人掉下了床。"
- 在每段歌词的结尾，使用能够描述掉落的象声词，如"扑通"或"嘭"。发出这些声音的次数与掉落床下的个数要相一致。比如，如果有 2 个人掉下床，就说："嘭！嘭!"

延伸

- 在大组活动时间，让孩子们表演出歌曲内容。选出 10 个孩子在圆圈中躺成一排假装睡觉。教师和剩下的小朋友一起唱歌。在歌曲结尾唱出小朋友的名字，并让他翻滚出排，和大家围成圈。
- 在计划时间，唱改编的歌词："8 人坐桌旁，老师说'做个计划，做个计划。阿莉莎（Alyssa）想到游戏区去玩啦。"

◆ ◆ ◆ ◆

数学关键经验

数

点数物体

比较两组物品的数量，决定哪个"更多"，哪个"更少"或者"数量相同"

分类

区别"部分"和"整体"

排序

比较属性（长/短，大/小）

空间

体验和描述游戏场地、建筑物中和附近区域中的位置、方向和距离

其他关键经验

运动

作移位运动（非固定动作：翻滚）

音乐

唱歌

时间关系

当信号出现时，开始或停止一个动作

学前儿童观察记录量表中的数学项目（COR）

AA. 比较属性

BB. 数数

CC. 识别位置和方向

DD. 识别顺序、变化和因果

全美数学教师理事会标准（NCTM）

数

在理解的前提下数数，识别出一系列物品"有多少个"

增强对整数的认识，并能灵活地阐述和使用它们，包括关联、组合和

分解数

用各种实物模型和表征将数字和数词与它们所表示的数量联系起来

理解加减整数的作用

代数

描述量变

附：歌曲

十人挤一床

有十个人挤在一张床上，

小小孩说：

"翻一翻，滚一滚。"

所以他们就在床上翻滚，

有一个人翻下了床。

第29节　牙签和珠子

开始

发给每位孩子一个泡沫底座和一罐牙签。让他们自己探索怎样把牙签插入泡沫中。孩子们可能还会发现可以用牙签在泡沫上做记号或写字。几分钟后，再发给他们小珠子。询问他们是否可以找到一种方法将珠子和其他材料结合使用。一些孩子可能会尝试将珠子戳进泡沫里，另一些可能会发现他们可以将珠子串在牙签上。

时　间

小组活动时间

材　料

❧ 放在杯子或其他容器里的牙签

❧ 泡沫塑料积木，泡沫托盘，黏土或其他可用来给牙签做底的软材料

❧ 塑料或木制的小珠子

过程

观察，然后模仿你所看到的孩子们使用材料的方法。有些孩子可能会一边把珠子戳入泡沫中或串到牙签上，一边数珠子的个数。无论他们是把珠子按进泡沫材料还是串在牙签上，都注意观察哪些孩子在根据颜色或大小将珠子分类，哪些孩子在用珠子摆图案。通过观察将一颗珠子串在一根牙签上的孩子来考察他们对一一对应关系的理解。注意是否有孩子一边这样做一边数数。

孩子们的话：

"我把所有牙签都插在泡沫上了。"

"所有黄珠子都串到了这根牙签上，而所有红珠子都串到了另一根上面。"

"四颗（珠子）正好串一根牙签。"

"我做了个模式——蓝，绿，蓝，绿。"

"我在每根牙签上都串了一颗珠子。现在我要往上串更多珠子。"

"我只喜欢木珠。"

"比起塑料珠子，木珠更难被按进去。"

"我的塔比你的塔高。"

结束

当孩子们结束工作后，让他们对没有使用过的珠子和牙签进行分类整理，再分别放入贴有对应标签的容器中。

其他可选材料/活动

•除使用牙签外，还可以把小珠子串到扭扭棒①上而无须用泡沫底座。

延伸

• 作为一项计划或回顾策略，在泡沫积木上贴上写有各活动区域名称和符号的标签。在每个活动区域插上一根牙签。在做计划或回顾时，

---

① 原文为 Pipe cleaner，即清管器，也可是儿童装饰玩具中的扭扭棒。——译者注

让孩子们在代表活动过或计划去玩的区域的牙签上串一颗珠子。数数每根牙签上珠子的数量，以确定哪块活动区有最多或最少孩子玩过（或计划玩），哪些活动区的人数一样多。

- 在艺术区放入珠子、牙签和泡沫材料，供日后探索。
- 在木工区放入细钉子和珠子。珠孔的大小要与钉子的大小相匹配。

◆ ◆ ◆ ◆

数学关键经验

数

点数物体

将两组物体一一对应地排列

比较两组物品的数量，决定哪个"更多"，哪个"更少"或者"数量相同"

排序

比较属性（长/短，大/小）

将若干物体按某种序列或模式依次排列，并能描述它们之间的关系（大/更大/最大，红/蓝/红/蓝）

分类

探索并描述事物的相同点、不同点和属性

分类和匹配

同时掌握一种以上特性

空间

组装和拆分

其他关键经验

运动

携带物品移动

语言和识字

描述物体、事件和关系

主动性与社交关系

制定并且表达出选择、计划和决定

我比你大，我五岁

——学前儿童数学能力的发展

学前儿童观察记录量表中的数学项目（COR）

Y. 给物体分类

AA. 比较属性

BB. 数数

CC. 认识位置和方向

DD. 识别顺序、变化和因果

全美数学教师理事会标准（NCTM）

数和运算

在理解的前提下数数，识别出一系列物品"有多少个"

增强对整数的认识，并能灵活地阐述和使用它们，包括关联、组合和分解数

代数

按大小、数目和其他性质整理、分类、排列

认识、描述和扩展模型，如一段连续的声音和形状，或简单的数字模型，从一种形式转到另外一种形式

几何

描述、列举并解释空间中的相对位置，并应用这种相对位置的思维

第30节 你的家庭

开始

告诉孩子们今天他们将要给家人画幅画。问问他们："你们家有几口人？"提供大幅和小幅的纸张供孩子们绘画。鼓励他们思考要用多大的纸张以及为什么要用这么大的纸。

过程

点评孩子们的绘画作品。注意观察他们是选择在一张大纸上画一大家人还是选择在一张小纸上画一个小家庭，又或者根本不考虑家里人数而选择了用一张大纸画，这样就会有足够的空间来表现每个人的样子。

在孩子们画画时，让他们给所画的每位家庭成员命名，同时掰着指头数一数共有几个人［包括直系亲属、展延家属（数代同堂的大家庭）、再婚家属、监护人、宠物以及儿童所认同的任何家庭成员］。观察他们的绘画，如果有人按年龄、身材或性别的顺序进行分类作画，就适当给予评论。使用比较语句指出儿童的绘画作品在人数、身材以及其

时 间

小组活动时间

材 料

❀ 绘画材料——蜡笔、水笔、彩色铅笔、白色和彩色的粉笔

❀ 小幅和大幅的画纸，至少保证每个孩子一张。

他特征方面的差异，比如："艾莉森（Allison）的家里有两个人，她妈妈和她自己，所以她选了张小纸来画，正合适。""路易斯（Luis）先画了家中最年长的祖父，然后按年龄递减的顺序画他家中的其他成员，最后画的是他年龄最小（刚出生）的弟弟。"

孩子们的话：

（掰着手指计算）"爸爸，妈妈，贾里德（Jared），我，和我的小狗皮提——一共5个。"

"我们家本来有4个人，但是我的奶奶去世了，所以现在只有3个人。"

"我需要一张大纸来画，因为我家里的人比鲍尔·蓝杰斯（Power Rangers）全家人加起来还多。"

"我该不该把所有的鱼都算进去呢？"

"我把托马斯（Tomas）（小宝宝）画得最大，因为他总是整晚整晚地哭。真叫人生气。"

"我需要两张纸来画，因为我有两个家——一个是我妈妈家，一个是爸爸家。"

"我们两家的人数一样多。"

结束

和孩子们一同分类整理并收拾绘画材料和纸张。如果有孩子想要第二天继续作画，帮他们找个安全的地方存放好工具和作品，并在上面放上一个写有"进行中"的标志牌。将孩子们的绘画作品邮寄或直接送到他们的家中。

其他可选材料/活动

● 让儿童使用其他二维或三维材料来展现他们的家庭，例如水彩颜料，线画，橡皮泥或黏土，积木，以及塑料材质的、大小各异的动物或珠子。

● 准备好表格用于将家庭成员的特点制成图表，例如，每个儿童的家庭中一共有多少位家庭成员，有多少个兄弟、姐妹，多少只猫、狗等。

延伸

● 让家长把一些照片带到幼儿园（全家福或单人照）。将孩子们的画作贴到照片旁边。

● 整理一本儿童家庭的相册，每一页突出强调一位家庭成员。将相册命名为"你家中有几口人"之类的标题。在每张照片旁边，写下照片中家庭成员的姓名。在每页的底部，写上家庭成员的人数。鼓励孩子们去填写、抄写或摹写名字和数字。

◆　◆　◆　◆

数学关键经验

　数

　比较两组物品的数量，决定哪个"更多"，哪个"更少"或者"数量相同"

　点数物体

　分类

　探索并描述事物的相同点、不同点和属性

　排序

　比较属性（长/短，大/小）

　将若干物体按某种序列或模式依次排列，并能描述它们之间的关系

我比你大，我五岁

——学前儿童数学能力的发展

（大/更大/最大，红/蓝/红/蓝）

其他关键经验

创造性表现

用黏土、积木和其他材料制作模型

绘图和绘画

语言和识字

和他人谈论有意义的个人经历

描述物体、事件和关系

主动性与社会关系

用言语表达感受

学前儿童观察记录量表中的数学项目（COR）

Y. 给物体分类

AA. 比较属性

BB. 数数

全美数学教师理事会标准（NCTM）

数

在理解的前提下数数，识别出一系列物品"有多少个"

增强对整数的认识，并能灵活地阐述和使用它们，包括关联、组合和分解数

用各种实物模型和表征将数字和数词与它们所要表示的数量联系起来

理解加减整数的作用和加减整数的各种含义，以及这两种运算之间的关系

代数

按大小、数目和其他性质整理、分类、排列

描述量变

数据

向孩子提出问题，让他们收集有关自身和周围环境的数据

第五章

空 间

本章导读

空间是幼儿对身边的物理世界的一种感受能力。在高瞻课程中，有六种关键经验与幼儿的空间感有关（详见第一章）。

本章为读者提供了 10 个与发展幼儿空间感有关的案例。在这些案例中，教师为幼儿提供了各种材料，通过各种游戏活动帮助幼儿获得空间感。

本章活动

第 31 节　铝箔纸雕塑

时　间

小组活动时间

材　料

❀ 铝箔纸①（要足够多，确保每个孩子都有几张）

❀ 记录表

❀ 书签

开始

发给每个孩子一张铝箔纸让他们观察。在记录表上记下孩子们对铝箔纸的描述，例如："它闪闪发光。""它是平的。""它会沙沙作响。"观察孩子们如何使用手中的铝箔纸，并模仿他们的方式进行同样的操作。

过程

评论这些铝箔纸呈现出来的不同形状。用**扭动、塑造、弯曲**和**挤压**等词来描述孩子们正在进行的工作。把雕塑这个词介绍给孩子，将其解释为"通过铸造、弯曲以及扭动一种材料而形成具有特殊形状的物体"。询问孩子们是否能将手中的铝箔纸雕塑出一种形状。如果孩子们需要更多的铝箔纸，尽量满足他们的要求。将你的铝箔纸扭成一个几何形状并进行评论。

---

① 原文为 aluminum foil，即用于包装的锡纸、铝箔、锡箔，本书统译为"铝箔纸"。——译者注

孩子们的话：

"我把它变成了一个球。"

"你可以将它压扁，让它变得更小。"

"我做了一个圆。"

"我把我的铝箔纸撕成了两片。"

"你把它压碎之后，它不会再像以前一样平了。"

"我的球和你的一样大。"

"我把一个小球放在一个大球的顶端。"

"它变得皱皱巴巴，凹凸不平。"

结束

给每个孩子一个机会向同伴展示自己是如何处理手中的铝箔纸的。重述之前的那张记录表，并要求孩子们用更多词汇来描述从铝箔纸雕塑中所得的收获。你可以将这些词添加到记录表中，并将这些铝箔纸雕塑作品放在教室的书架上。

延伸

- 在艺术区添加一卷铝箔纸或一些铝箔纸片。
- 要求孩子们在房间中找到那些和他们所做的铝箔纸作品具有相同形状的图形。
- 在计划时间或回顾时间，要求孩子们将一张铝箔纸塑造成一个他们想要玩的或者已经玩过的物体的形状。
- 在艺术区给孩子们提供泥土和橡皮泥。当孩子们使用这些材料时，描述他们的行为（"你将它切成了两半"）及他们塑造的形状（"你做了一个平坦的、圆形的薄烤饼"）。

◆ ◆ ◆ ◆

数学关键经验

空间

改变物体的形状和排列（包裹、弯曲、拉伸、堆叠和围绕）

分类

探索并描述事物的相同点、不同点和属性

其他关键经验

创造性表现

用黏土、积木和其他材料制作模型

学前儿童观察记录量表中的数学项目（COR）

AA. 比较属性

CC. 认识位置和方向

DD. 识别顺序、变化和因果

EE. 识别材料及其特征

全美数学教师理事会标准（NCTM）

几何

认识、列举、建造、绘制、比较平面图形和立体图形并分类

描述平面图形和立体图形的特性和组成部分

第32节 清洗自行车

开始

在户外活动时间，询问孩子们是否愿意帮助你清洗自行车及其他放在室外的玩具。问问他们需要用到哪些工具（水、布、肥皂、橡胶软管）和如何进行清洗。

过程

鼓励孩子们将自己的桶装满水，每人选一块抹布。支持那些愿意合作的孩子组成小组一起清洗以更好地完成任务，如几个人一起抬水桶等。在与孩子们交谈时应该有意识地渗透一些观念，如往桶里加水了之后桶会变满或变重等。在孩子们清洗玩具的时候，留心听他们一些描述位置和方向的词，如"下面""旁边""前面""后面"。听听孩子们对于所洗物品的描述，如"光滑的把手"。通过重复和赞同孩子们的描述、扩展新词汇来促进孩子们的语言发展。如当你和孩子一起清洗时，加入描述事物性质的词："你在洗金属推车，我在洗塑料推车。"

时 间
户外活动时间

材 料

- ❧ 几桶水（肥皂，可选）和额外的自来水
- ❧ 抹布
- ❧ 毛巾
- ❧ 自行车，其他骑坐玩具，手推车

我比你大，我五岁
——学前儿童数学能力的发展

孩子们的话：

"我的水桶比你的要满。"

"我们得先把肥皂放入水中。"

"我洗所有的车轮，你洗座位。"

"底部很脏，把它翻转过来。"

"你洗（推车的）外面，我洗里面。"

"这条毛巾太湿了。我想要一条干的。"

"我使劲地擦才使它变得那么干净。"

结束

在和孩子们一块工作时，对你所观察到的自行车及其他玩具发表评论："看，开始的时候（车上的）镀铬部件是暗的，现在它变得有光泽了。"让孩子们帮忙收拾清理，将水桶清空并堆叠起来，还要收集好抹布和毛巾，并分成湿的和干的两堆。将湿毛巾晾在太阳底下，让孩子们定时检查它们是否干了。

延伸

- 将肥皂水倒入教室里的水桌内，让孩子们在水桌里清洗教室内的玩具。
- 将一些湿抹布晾在太阳底下，另一些晾在阴凉处，让孩子们比较晾在哪个地方的抹布干得更快。
- 采纳孩子们的想法，回忆自己清洗过的东西，唱《我们就是这样洗_____的》① 这首歌（歌词见本节末）。鼓励他们一边唱一边表演相关动作。
- 举办一个类似在洗衣盆里清洗洋娃娃的小型活动。

---

① 这首歌引用自美国著名儿歌《我们就是这样洗手的》（This is the way we wash our hands），其中 hands（手）常被灵活替换为其他事物，如 clothes（衣服）、cars（车）、hair（头发）等。——译者注

◆　◆　◆　◆

数学关键经验

空间

填充和清空

体验和描述游戏场地、建筑物中和附近区域中的位置、方向和距离

排序

比较属性（长/短，大/小）

时间

体验和描述一个运动速率

预测、记忆和描述事件的顺序

分类

区别"部分"和"整体"

探索并描述事物的相同点、不同点和属性

其他关键经验

语言和识字

描述物体、事件和关系

主动性与社会关系

创造并体验合作性的游戏

运动

描述运动

学前儿童观察记录量表中的数学项目（COR）

AA. 比较属性

CC. 识别位置和方向

DD. 识别顺序、变化和因果关系

EE. 识别材料及其特征

全美数学教师理事会标准（NCTM）

代数

按大小、数目和其他性质整理、分类、排列

描述量变, 比如一个学生长高了

几何

描述、列举并解释空间中的相对位置, 并应用这种相对位置的思维

描述平面图形和立体图形的特性和组成部分

测量

了解长度、体积、重量、面积和时间的属性

根据上述属性比较和排列物品

附: 歌曲

This is the way we wash our hands

This is the way we wash our hands,

wash our hands, wash our hands,

This is the way we wash our hands, so early in the morning.

This is the way we wash our face,

wash our face, wash our face,

This is the way we wash our face, so early in the morning.

This is the way we comb our hair,

comb our hair, comb our hair,

This is the way we comb our hair, so early in the morning.

This is the way we brush our teeth,

brush our teeth, brush our teeth,

This is the way we brush our teeth, so early in the morning.

This is the way we put on our cloth,

put on our cloth, put on our cloth,

This is the way we put on our cloth, so early in the morning.

——译者加

第33节 编织栅栏

开始

告诉孩子们，你已经预先在他们的篮子里放了一些材料，他们可以用这些材料来编织栅栏。解释"编织"的含义，并展示如何使用其中一种材料绕着栅栏穿插编织。使用表示位置的词语，比如**里面**、**外面**、**在……上面**、**在……下面**、**向前**、**向后**等来描述你正在做什么。一些孩子可能会注意到这个动作遵循着某种模式。另外，还可以介绍一些如**横排编织**或**竖排编织**等词语。

过程

和孩子们一起编织，对他们手头上正在编织的物品及其样式和结构进行评价。鼓励他们向其他小朋友展示并描述正在编织的物品。向他们提出一些需要使用立体空间词汇来回答的问题，例如："我看到你刚刚拿了一根红纱线，你要把它编到哪儿？"鼓励他们到栅栏的另一面去观察自己的手工艺品，或是让他们蹲下来或站到室外的器械上，从不同

时 间

户外活动时间或户外小组活动时间

材 料

❧ 栅栏（链节式、木格式、直杆式或者横条式；板凳条也可以）

❧ 各种材料（分类装入单个容器，以便在护栏的格子中进行编织）：有色纸条、稻草、羽毛、嫩枝、纱线和细绳（不同长度、宽度、颜色和质地）、水管清理器、布条、缝纫小商品（丝带、金属饰物条）、袜子、鞋带、扎丝。从这个列表中选择两种材料，将其放入孩子们所分得的篮子中。其他材料作为备用。

的位置来观察自己编织的护栏。

孩子们的话：

"我将从顶端开始编织。"

"这些羽毛棍子是直的。"

"把这个树枝弄弯很难，把细线弄弯更容易一些。"

（交替编织不同颜色的纱线）"红色、蓝色、红色、蓝色。"

"我妈妈在织布机上编织。"

（数护栏上的标杆）"1、2、3、4、5。"

"里、外、里、外、里、外。"

"这条（丝带）太短了。"

结束

如果可能，保留孩子们编织在栅栏上的材料，以便可以随着时间和天气的变化观察到这些材料的变化。和孩子们一起将没有用过的材料分类装入单独的容器中并送回教室。

延伸

- 在小组活动时间，给孩子们提供用于编织的其他类型的格状物，例如包装容器中的塑料环、浆果篮（找一个开口大的）、彩色美术纸，或是预先切割成条的广告纸板。然后，把格状物和其他各种各样的编织材料放到艺术区，留待工作时间使用。
- 举行一次野外旅行，去参观以编织和纤维艺术为特色的美术馆或露天艺术展，或者参观一个编织者的工作室，还可以邀请一位编织家到教室做客。
- 介绍一个具有明显叠排式构造的编织物，鼓励孩子们观察它的结构。

将模型留在生活区和艺术区。

- 在点心时间，为孩子们提供具有类似编织物形状的带纹理的点心，如格格脆小麦麦片或格格脆玉米麦片、薄脆饼干等。聆听孩子们描述他们如何在所吃的点心与其编织经历之间建立联系，并对此发表评论。
- 在户外玩"高与低"的游戏。向孩子们提出类似"我们可以待在哪些地方的下面""我们可以爬过什么东西"的问题。

◆　◆　◆　◆

数学关键经验

空间

填充和清空

组装和拆分

改变物体的形状和排列（包裹、弯曲、拉伸、堆叠和围绕）

从不同的空间视角观察人、地点和事物

体验和描述游戏场地、建筑物中和附近区域中的位置、方向和距离

分类

分类与配对

排序

将若干物体按某种序列或模式依次排列，并能描述它们之间的关系（大/更大/最大，红/蓝/红/蓝）

数

点数物体

其他关键经验

语言和识字

描述物体、事件和关系

运动

原地运动

学前儿童观察记录量表中的数学项目（COR）

Y. 给物体分类

Z. 识别模式

AA. 比较属性

BB. 数数

CC. 识别位置和方向

EE. 识别材料及其特征

全美数学教师理事会标准（NCTM）

代数

按大小、数目和其他性质整理、分类、排列

几何

认识、列举、建造、绘制、比较平面图形和立体图形并分类

描述平面图形和立体图形的特性和组成部分

描述、列举并解释空间中的相对位置，并应用这种相对位置的思维

识别并运用移动、翻转、旋转

辨别和创造对称的图形

第34节 障碍运动场

开始

告诉孩子们你已经搭建了一个障碍运动场，需要他们穿越、攀爬、绕边走和穿行其中的障碍。他们可以随时出发，超越每一项障碍物，直到超越了所有的障碍物，或者再重复他们喜欢的项目。如有必要，可示范如何超越前两个障碍物。

过程

跟着孩子们的脚步，参与到障碍运动中。倾听并评价孩子们的行动，用表示位置和动作的词来描述他们正在进行的活动从而扩大词汇量，例如："诺亚（Noah）正越过障碍物的顶端。""吉娜（Gina）从椅子下面爬了出来。""里科（Rico）正穿过窗帘到达另一边。"或是，"拉托娜（Latoya）正跳过一排木棍。"对孩子们实施和完成不同活动的速度进行评价。鼓励他们重新排列障碍设备，改变和添加不同器材并改变他们的动作。

时　间

户外活动时间，大组活动时间

材　料

在室外或者体育馆内搭建一个障碍运动场①，可由以下设备组成：
* 滑梯
* 梯子
* 平台/平衡木
* 轮胎或可以钻的空心圆筒
* 台阶/楼梯
* 两端（顶端和底端）开口的大纸板箱
* 顶部和底部密封、中间有洞可爬的大纸板箱
* 一排物品（如积木或者书本），中间有可以让孩子们跨过的空间。
* 垫子、毛毯或是地毯带，可供孩子们行走。
* 一排桌子或椅子，可让孩子们从地下爬过或者滑过。
* 不易破碎的镜子或其他反光面，可让孩子们跳过或者跨过。

---

① 原文为 obstacle course，是指用各种垫子、踏板等软硬设备拼装组合成的，可供儿童攀爬、滑行以训练体能的障碍运动场地。——译者注

孩子们的话：

"我弯下腰从这里爬过去。"

"这对我来说太高了。"

"老师，看我从这上面跳过去，跳得多高呀。"

"让我们把这些铺出足够长的距离，然后沿着它们一直走。"

"这个太难了。它一直在那里扭动。"

"你得特别特别瘦才能从这里钻过去。"

"把它翻过来，好让我们从上面走过去。"

"走快点！我要掉下来了。"

- 呼啦圈（直立起来的，方便从中间穿爬。可用细绳将两端固定在其他物体上）
- 一小滩水，可让孩子们从水上方跳过（在上面放上橡胶垫以防滑倒）
- 悬挂着的窗帘布、珠子、细线或长纸条
- 帐篷或用纸板箱（两块广告纸板）做成的两端开着的倒 V 形
- 口朝上直立的大桶（可走进走出）和倒立的大桶（从桶顶上面走）
- 成堆的宽架子、窄架子
- 其他能鼓励孩子们穿越、攀爬、绕边走、钻入、跳跃、翻滚或用不同步幅行走的物品
- 将各种障碍物摆成一个圆形，这样孩子们就不需要排队了。将这个障碍运动场设置成单向的，这样孩子们就不会撞上其他人。（注意：如果孩子们在排队或撞到他人时发生争执，可将其视作一次学习解决问题的机会。）

结束

可能的话，将这些设备留在那里供孩子们日后使用。如果不行（譬如这个地方要被用来开展其他活动或是被其他小组占用），就和孩子们一起动手把这个障碍运动场拆除，并将那些零散的设备放回到原来的位置上。在

室外保留一到两个障碍设施供孩子们在过渡到下一个活动的途中攀爬、穿越。

其他可选材料/活动

- 用计时器记录每个孩子完成全部障碍场上的运动所花费的时间。例如，以秒表上的秒、分或者计时沙漏上的圈数（例如3＋）为单位来作记录。记录下孩子在不同的障碍设备上所需的时间，以判断完成哪些设备耗时最长，哪些耗时短。在记录表上记录下孩子们所用的时间。

延伸

- 鼓励孩子们在活动时间或户外活动时间设计自己的障碍设施。
- 要求孩子们在小组活动时间呈现障碍设施的各个部分，例如，绘画或者用积木作出模型。
- 在计划（或回顾）时间，用中空的积木和地板模型搭建一个室内障碍运动场。当孩子们在这个运动场上训练时，他们会告诉你他们准备怎么做（或者是怎么做到的）。

◆　◆　◆　◆

数学关键经验

空间

改变物体的形状和排列（包裹、弯曲、拉伸、堆叠和围绕）

从不同的空间视角观察人、地点和事物

体验和描述游戏场地、建筑物中和附近区域中的位置、方向和距离

时间

当信号出现时，开始或停止一个动作

155

我比你大，我五岁

——学前儿童数学能力的发展

体验和描述一个运动速率

其他关键经验

运动

移位运动（非固定位置的活动：跑步、跳跃、跳绳、远足、攀登）

描述运动

作用于运动方向

学前儿童观察记录量表中的数学项目（COR）

CC. 识别位置和方向

全美数学教师理事会标准（NCTM）

几何

描述、列举并解释空间中的相对位置，并应用这种相对位置的思维

描述、列举并解释空间的方向和距离，应用有关方向和距离的概念

第35节　神秘的图形板

开始

告诉孩子们今天要玩一个猜谜游戏。将绘有图形的张贴板展示给他们看，并让他们猜猜图形中的物品是什么，它们来自教室里的哪个地方。鼓励孩子们一边看这些图形，一边用自己的手指临摹，并作出猜测。问问孩子们图形是什么样的，并帮助他们猜测是什么图形。然后让他们寻找自己认为符合张贴板上所描摹的形状的物品，对比看看这些物品是否与张贴板上所画的形状相匹配（你可以提前将相关物品收集好，在孩子们作出猜测后直接拿出来让他们与张贴板上的图形配对，而不必让孩子们四下搜寻）。

鼓励孩子们谈论这些图形。重复他们的描述语句，并介绍一些与尺寸、形状和其他特性有关的新词。

过程

在孩子们作出猜测并尝试过将这些物品和张贴板上的图形相匹配之后，分发给每个

时　间

小组活动时间

材　料

❧ 一些张贴板，上面画有来自教室内不同区域里的三维物品（如拼图、积木、日常用品、书本、艺术工具、乐器）

❧ 额外的张贴板和图画纸

❧ 用于摹画的铅笔和马克笔

孩子一些张贴板或图画纸，让他们从教室寻找某个或某几个物品来摹画他们自己的神秘图形板。大约三分钟后（或者当每个孩子都至少摹画好一个物品时），告诉他们时间马上到了，让他们坐回到桌子上。

孩子们的话：

"这个合适！"

"这是一本书，因为它是长方形的。"

"这是气球拼图的一部分。我昨天在工作时间拼过。"

"这是个又小又圆的东西。"

"不。这个积木太大了。应该是个别的什么东西。"

（数图形的个数）"一共有3个神秘的图形。"

"我不会告诉任何人我要去哪个区域。这是个秘密。"

"这个部分是直的，但是这儿却凸凹不平。"

"下一个猜我的。"

"这样转一下。然后它就合适了。"

结束

让孩子们相互猜猜别人的神秘图形板上的物体，并通过查看这些物体和图形是否匹配来判断猜测的结果。要事先考虑到孩子们的临摹会很粗糙，可能仅仅是大致勾勒出轮廓而没有细节。在每个人的神秘图形板被轮流猜过一次后，和孩子们一起将这些物品归位，并将没有用过的纸和绘图工具收起来。

延伸

- 将多余的张贴板、图画纸和绘图工具放在艺术区，以便孩子们在下次工作时间使用。

- 在计划（或回顾）时间，在纸上绘制图形并将所绘制图形对应的物品分发到每个孩子手里，确保每人都有一个。拿起一张（绘有图形的）纸，提问："谁有和这个图形相匹配的物品？轮到你做计划和回顾了。"对每一张纸都这样做，直到所有的孩子都做了计划或回顾。
- 在回顾阶段，让孩子们将在工作时间玩的物品画出来，然后再谈论这个物品。
- 在欢迎入园时间，在信息板上画出一个教室里的新玩具。给孩子们一些线索让他们去猜测这个新物品是什么，然后将物体的名字写在图形的下方。

◆　◆　◆　◆

数学关键经验

空间

体验并描述在活动区、建筑区和邻近区域中的位置、方向和距离

在绘画、图片和照片中说明空间关系

分类

探索并描述事物的相同点、不同点和属性

区分并描述形状

描述某事物不具备的特性或不属于哪种类别

排序

比较属性（长/短，大/小）

数

点数物体

其他关键经验

创造性表现

通过看、听、触、尝和闻来认识物体

把模型、图片、照片和实际情景、事物联系起来

学前儿童观察记录量表中的数学项目（COR）

AA. 比较属性

我比你大,我五岁

——学前儿童数学能力的发展

　　BB.　数数

　　CC.　识别位置和方向

　　EE.　识别材料及其特征

全美数学教师理事会标准（NCTM）

数和运算

在理解的前提下数数，识别出一系列物品"有多少个"

几何

认识、列举、建造、绘制、比较平面图形和立体图形并分类

描述平面图形和立体图形的特性和组成部分

识别并运用移动、翻转、旋转

运用空间记忆和空间变化在头脑中建立几何图形的表象

识别环境中的几何图形和结构，并说出它们的位置

数据

向孩子提出问题，让他们收集有关自身和周围环境的数据

运用实物、图片和图表描述数据

第36节　看图编故事

开始

鼓励孩子们观察并谈论不同的图形以及它们的特征。告诉他们今天的任务是要把一些图形粘贴到纸上制作成图片，并根据图片来编故事。例如，将一个圆形放到一个矩形的上面，说："我要讲一个关于我的生日聚会的故事。我买了一个又大又圆的蛋糕，把它放在了桌子上。然后我把蛋糕切开分给每一个人。"或者，把一排圆形图片在地上铺开，然后在各个圆形图片之间来回跳，边跳边说："有只小狗喜欢跳水坑。"

过程

让孩子们谈论自己制作的图片中的图形以及它们的相对位置。重复孩子们用来描述形状、位置和方向的词语，并添加一些新的词汇，例如**边缘**、**角落**、**曲线**；**上面**、**下面**、**背后**；**附近**、**远处**、**临近**。谈论图形的其他特性，如大小和颜色，并指出孩子们粘贴的图形图片的相同点和不同点。

时　间

小组活动时间

材　料

❀ 插图或图片

❀ 不同大小、颜色和几何图形（圆形的、正方形的、矩形的、三角形的和菱形的；一些不常见的图形，如六边形、八边形、平行四边形和梯形）状的绘画纸

❀ 每个孩子一个小筐

❀ 大张绘图纸或者几卷没有图案的包装纸

❀ 胶水

在孩子们分享他们的图形故事时，鼓励他们发挥想象力，并对其表示认可。对孩子们的故事发表评论并提出一些开放性的问题来鼓励他们详细解释故事的创意。如果孩子们希望你来讲故事，那就写下他们所说的关于图片的话。（注意：一些孩子，尤其是年龄较小的孩子，可能只是在探索或排列图形，而还不能够编故事。你既可接受他们对于材料的使用，又可以让他们参与到有关所使用的图形及其位置的谈话中。）

孩子们的话：

（指着两端各有一个圆的水平条）"那是杰米（Jamie）和我在玩跷跷板。"

"这个三角形是一位公主登到塔上去的路。"

"这是我的小猫。我需要一个圆形给它当喝牛奶的碗。"

（指着排成一列的三个圆形）"这是个雪人。这个红色的三角形是他的帽子。"

（交替排列的绿色和蓝色的矩形）"我做了个模型。它是一列火车。"

（拿着一个六边形）"你把它叫什么？"

"我把一个圆形粘在了这个方形的上面。它是一架照相机。"

结束

把这些图形故事挂在墙上，或将它们摆在展示台上。如果孩子们想继续制作图片，将这些图片存放在一个安全的地方，并贴上"进行中"的标志。和孩子们一起将未用的图形分类放到艺术区，以便在之后的工作时间使用。

其他可选材料/活动

- 让孩子们使用三维材料创造诸如小积木和小玩具之类的物品，并让他们讲述基于这些创造所构思的故事。从不同角度拍摄下孩子们制作及完成作品时的场景。你可以将这些照片展示在墙上或者把它们汇编成一本书。和孩子们一起讨论这些图片，并与家长们一同分享。

- 用木制或塑料的积木代替纸质的图形和胶水。让孩子们在软纸板或者小方地毯上制作。

延伸

- 把孩子们的图形图片编成一本书，并把这本书放到阅读区。鼓励孩子们记住那些与图片有关的故事或者重编新的故事。
- 提供一些诸如立体派的画作和以几何雕塑等为特色的艺术品（如明信片）。和孩子们一起讨论这些作品，鼓励他们去指认自己所认识的图形，并将艺术家的作品和自己的图形图片建立联系。

◆ ◆ ◆ ◆

数学关键经验

空间

改变物体的形状和排列（包裹、弯曲、拉伸、堆叠和围绕）

从不同的空间视角观察人、地点和事物

体验和描述游戏场地、建筑物中和附近区域中的位置、方向和距离

在绘画、图片和照片中说明空间关系

分类

探索并描述事物的相同点、不同点和属性

区分并描述形状

排序

比较属性（长/短，大/小）

其他关键经验

创造性表现

把模型、图片、照片和实际情景、事物联系起来

用黏土、积木和其他材料制作模型

语言和识字

和他人谈论有意义的个人经历

描述物体、事件和关系

以有趣的方式接触语言：听故事和诗歌朗诵，自编故事和音乐节奏

用多种方式书写：画画，涂鸦，写类似字母的字符，随意拼写，常规书写

学前儿童观察记录量表中的数学项目（COR）

Y. 给物体分类

AA. 比较属性

CC. 识别位置和方向

EE. 识别材料及其特征

全美数学教师理事会标准（NCTM）

代数

按大小、数目和其他性质整理、分类、排列

几何

认识、列举、建造、绘制、比较平面图形和立体图形并分类

描述平面图形和立体图形的特性和组成部分

探究、预测组合和拆分平面或立体物体的结果

描述、列举并解释空间中的相对位置，并应用这种相对位置的思维

辨别和创造对称的图形

从不同的视角来识别和描绘图形

第37节 边走边寻找形状

开始

告诉孩子们今天活动的主题是"寻找"。讨论"寻找东西"是什么意思。告诉孩子们，他们将被分成小组去寻找一些图形，然后让他们告诉你有关图形的概念。展示教室中具有不同形状的材料。学龄前儿童对二维图形比较熟悉，所以要展示一些带有三维图形的材料，并旋转它们，以便孩子们能够从不同角度进行观察。

给每个孩子一个带有图形的图表，让他们到学校的周围（外面或里面）去寻找不同的图形。找到后，就在记录纸上相应的图形旁边做上记号。

过程

离开教室后，带领孩子们观察大楼。鼓励孩子们从不同位置进行观察：从前面看，从边上看，向楼基下看，朝屋顶上看等。问问孩子们是否看到楼房上有和纸上相似的图形。

时　间

小组活动时间或大组活动时间

材　料

🍀 写字夹板（可从商店购买或者用大纸夹把纸夹在厚纸板的顶部）

🍀 铅笔

🍀 分发给孩子记录纸。纸上带有若干行，每一行的左侧有圆形、正方形、三角形和长方形这几种图形中的一种。

165

当孩子们说出图形时，重复他们的观察并指向他们辨别出的图形，特别要强调你是怎样从不同角度辨别它们的。如果没人能说出一个图形，就指向一个诸如长方形的窗户，留心等待孩子们识别出该形状，并作出反应。继续绕着楼房慢慢走，时不时停下来，肯定孩子们的发现，并给他们一些时间将发现的图形记录在记录纸上。鼓励孩子们向上和向下的方向寻找图形。

孩子们的话：

(向上看天花板的瓷砖) "这个天花板上有很多长方形。"

"那些砖排成了一排。"

"我看见了一个圆圈。那是个车轮。"

"所有的窗户都是正方形的。"

"有些砖是正方形的，有些是长方形的。"

"这扇门是个最大的长方形。"

"我看到了一个箭头，它尖尖的，看上去像个三角形。"

"长方形是最多的。"

"三个圆形。"

结束

在结束徒步行走后，和孩子们一起坐下来回顾找到的形状的类型。让孩子们参照记录纸看看是不是找到了纸上的所有图形。问问孩子们哪种图形是最常见的，还有哪些图形是之前看到过但记录纸上没有的。

其他可选材料/活动

● 给每个小组发一个附有记录纸的写字夹板。让孩子们在纸上轮流记录他们的发现。

- 通过这个活动向孩子们介绍三维图形：球体、立方体、圆锥体和圆柱体。

延伸

- 阅读罗姗娜·宋（Roseanne Thong）的故事书《圆就像个月饼》（*Round Is A Moon Cake*）。读到故事中所提及的图形时停下来，让孩子们去找找教室里与这个图形相似的物品。
- 作为过渡活动，利用教室中可以找到的图形玩一个"图形找找看"①的游戏。
- 在计划或回顾时间，让孩子们描述自己的玩具或物品的形状。鼓励孩子们将其翻转过来，重新观察，并从不同的角度再作一番描述。
- 从艺术作品或书本插图中寻找并描述不同的图形。把雕塑作品带到教室中，让孩子们从不同的角度来观察三维的物体。
- 在大组活动时间，让孩子们随着播放的音乐移动，音乐一停，所有人都要立刻停止不动，仿佛雕塑一般。当孩子们定在那里时，鼓励他们去观察自己和周围人的身体，从中找出不同的形状。例如，可米丽娅（Camellia）的肘部弯曲，手放在屁股上——整个构成了一个三角形！

◆　◆　◆　◆

数学关键经验

空间

以多种方式使用并描述事物

体验并描述在活动区、建筑区和邻近区域中的位置、方向和距离

---

① 原文为"I Spy"，直译为"我发现"。此处作为一个游戏是让教师（或某个孩子）通过高喊"我发现……（对某种图形的描述）"作为线索，引导其他孩子去寻找教室里存在的符合该特征的物品。——译者注

在绘画、图片和照片中说明空间关系

分类

探索并描述事物的相同点、不同点和属性

区分并描述形状

同时掌握一种以上特性

描述某事物不具备的特性或不属于哪种类别

数

点数物体

其他关键经验

语言和识字

描述物体、事件和关系

创造性表现

通过看、听、触、尝和闻来认识物体

学前儿童观察记录量表中的数学项目 （COR）

Y. 给物体分类

EE. 识别材料及其特征

AA. 比较属性

BB. 数数

CC. 识别位置和方向

全美数学教师理事会标准 （NCTM）

几何

识别环境中的几何图形和结构，并说出它们的位置

从不同的视角来识别和描绘图形

把几何思维与数字和测量思维联系起来

认识、列举、建造、绘制、比较平面图形和立体图形并分类

描述平面图形和立体图形的特性和组成部分

描述、列举并解释空间中的相对位置，并应用这种相对位置的思维

辨别和创造对称的图形

识别并运用移动、翻转、旋转

代数

按大小、数目和其他性质整理、分类、排列

数据

向孩子提出问题，让他们收集有关自身和周围环境的数据

根据事物的属性整理和分类物体并整理有关物体的数据

通过对数据整体与部分的描述确定其表示的内容

第 38 节　泡沫塑料建筑物

时　间

小组活动时间

材　料

❧ 单块泡沫塑料，如用于插花的泡沫塑料

❧ 泡沫塑料颗粒

❧ 小锤子或者木槌

❧ 不同长度的钉子

❧ 护目镜

❧ 小块毛毯或者餐垫

开始

在每个孩子面前的桌子上放一块方形的毛毯或餐垫。在餐垫上放各式钉子，让他们观察和探索。通过提问唤起孩子们有关钉子和建筑物的经验。引导孩子们讨论对放在面前这些钉子的相同点和不同点，用上如长/短、厚/薄、锐/钝、尖的/平的这样的词。

过程

给每个孩子一把锤子、一块泡沫塑料、一些泡沫颗粒和一副护目镜。告诉孩子们，如果愿意，他们既可以将钉子敲入泡沫塑料中，也可以把颗粒填充到泡沫中。观察孩子们使用这些材料的不同方式。要事先考虑到，有一部分孩子可能会迅速地将所有的钉子敲入泡沫中，而其他孩子则可能会在对钉子或颗粒的选择和使用上更加谨慎。鼓励那些用完了所有钉子的孩子将钉子拔出来并重新做一遍。

要求孩子们描述他们所做的，并且你要对观察到的做法进行评论，包括材料的相对位置

(积木的顶部/边上/底部，颗粒相互堆积)、钉子的属性、填充的空间、所摆的图案，钉子或颗粒的数量。

孩子们的话：

"这些长钉子一直插到泡沫塑料的底部。"

"我把粗钉子钉在这一边，把细一点的钉在这一边。"

"小泡沫塑料块比大的更软。"

"我把两块放到一起。"

"整个顶部都被覆盖了。"

"（钉子）顶部是平坦的，底部是尖尖的。"

"我用光了所有的钉子，但是还剩一些泡沫塑料块没用。"

"我做成了一条直线。"

"我按照一长一短地钉。然后再一长一短重复。"

结束

告诉孩子们，三分钟之后所有小组都要停止活动，他们将有机会向同伴们展示自己的成果。让每个孩子轮流呈现和描述自己的作品。记录下每个孩子对其作品的描述以及他们所使用到的与数学相关的语言。让孩子们将剩余的钉子分类装入容器中，并将其放至合适的地方。

其他可选材料/活动

- 用木质的高尔夫球钉或牙签来代替钉子。

延伸

- 在教室里开设一个建筑区，包括泡沫塑料、大大小小的软木片、钉子、螺丝钉、高尔夫球钉、纤维织物、卷筒芯、回收容器、锤子、手钻、螺丝刀和护目镜等材料。讨论如何安全地使用这些材料。
- 作为计划或回顾的一个策略，将一大块泡沫塑料分成若干块，并标上兴趣区的标志。让孩子们将钉子敲进泡沫塑料中，来表明他们计划去哪儿玩或者他们在哪儿玩过。让孩子们数数每个区域中钉子的数目，从而确定有多少人在那儿玩过。

◆ ◆ ◆ ◆

数学关键经验

空间

组装和拆分

填充和清空

改变物体的形状和排列（包裹、弯曲、拉伸、堆叠和围绕）

排序

比较属性（长/短，大/小）

将若干物体按某种序列或模式依次排列，并能描述它们之间的关系（大/更大/最大，红/蓝/红/蓝）

分类

探索并描述事物的相同点、不同点和属性

区分并描述形状

以多种方式使用并描述事物

分类与配对

数

点数物体

比较两组物品的数量，决定哪个"更多"，哪个"更少"或者"数量相同"

其他关键经验

创造性表现

用黏土、积木和其他材料制作模型

假装和角色扮演

运动

携带物品移动

语言和识字

描述物体、事件和关系

主动性与社会关系

制订并且表达出选择、计划和决定

学前儿童观察记录量表中的数学项目（COR）

Y. 给物体分类

AA. 比较属性

BB. 数数

CC. 识别位置和方向

DD. 识别顺序、变化和因果

全美数学教师理事会标准（NCTM）

几何

认识、列举、建造、绘制、比较平面图形和立体图形并分类

探究、预测组合和拆分平面或立体物体的结果

辨别和创造一些对称的图形

把几何思维与数字和测量思维联系起来

了解长度、体积、重量、面积和时间的属性

代数

按大小、数目和其他性质整理、分类、排列

数和运算

在理解的前提下数数，识别出一系列物品"有多少个"

第39节 使用漏斗

小组活动时间

材 料

❧ 各种大小的漏斗

❧ 清洁、干燥的塑料瓶（16
  盎司的软饮料瓶，半品
  脱①的水瓶，装番茄酱或
  糖浆的塑料瓶子，装洗发
  水或肥皂液的瓶子）和容
  器（装软干酪的大盒子，
  酸奶盒）

❧ 干沙子（或食盐、燕麦
  片、鸟食）装在单独的盒
  子中

❧ 大小不同的汤匙、勺子和
  铲子

❧ 自助餐厅里用的托盘（如
  果有）

开始

给每个孩子发一个托盘，一个装有沙子的
容器，一个漏斗，一个汤匙和一些塑料瓶。让
孩子们帮你往塑料瓶中装满沙子。

过程

看着孩子们往瓶子里装沙子。要提前考虑
到，有些孩子会直接将盒子里的沙子倒进瓶子
里，而另一些则是用勺子把沙子一勺一勺舀进
瓶中，还有一些则使用漏斗。你要自己尝试每
个孩子的方法，鼓励他们采用任何方法来装
沙子。

和孩子们谈论每个瓶子所能容纳的不同沙
子量，并暗示他们有些瓶子可以比其他瓶子装
得更多。看看孩子们是否会计算要舀多少勺沙
子才能装满一个瓶子。倾听孩子们是否使用了
表示比较的词汇来描述容器的大小和形状，或
不同容器的重量。采用能强调孩子们的动作和

---

① 品脱：英制容积单位，1品脱≈568.3毫升。——译者注

扩展其词汇量的描述性词汇来重述他们的观察。

孩子们的话：

"这个番茄酱瓶子装得（比矿泉水瓶）更多。"

"我把所有的小杯子都装满了。"

"我往这个瓶子里舀了10勺沙子。"

"用漏斗比用勺子快。"

"用了漏斗之后沙子就不会有那么多撒到外面了。"

结束

让孩子们把沙子倒回到沙盘里供下次工作时间再用。让孩子们按照类型或尺寸将漏斗和勺子分类，并放回到容器中，再放到沙盘旁边。

延伸

- 把量匙和量杯添加到沙石区。
- 在大组活动时间，将各种干燥材料（如小圆石、爆米花核、鸟食）放入空瓶子中，做成一个可用作节奏乐器的小沙槌。用强力胶把瓶子顶部粘牢。
- 将沙盘里的材料混合在一起，例如，把鸟食和沙子混合，或把燕麦片和食盐混合在一起。倾听并推动孩子们对于这些材料变化的属性进行观察和评论。

◆ ◆ ◆ ◆

数学关键经验

空间

填充和清空

分类

区别"部分"和"整体"

排序

比较属性（长/短，大/小）

数

点数物体

时间

体验和描述时间间隔

其他关键经验

语言和识字

描述物体、事件和关系

主动性与社会关系

处理游戏中的问题

学前儿童观察记录量表中的数学项目（COR）

Y. 给物体分类

AA. 比较属性

BB. 数数

全美数学教师理事会标准（NCTM）

测量

了解长度、体积、重量、面积和时间的属性

根据上述属性比较和排列物品

第40节 包装礼物

开始

和孩子们谈论收送礼物。在对话中谈论包括如何为收到礼物的人制造惊喜，猜测包装盒里是什么以及保守秘密等内容。收集孩子们关于如何利用礼物成功制造惊喜的方法。问问他们是否曾经猜测过收到的礼物会是什么。谈论人们包装礼物以达到惊喜效果的不同方式。告诉孩子们在这个小组活动中，教师将给每个人一些材料来包装他们想要赠送给某人的礼物。问问他们当中是否有人曾在家中帮忙包过礼物，以及他们是怎样做的。

过程

让孩子们挑选一个盒子来装礼物。（注意：一些孩子可能只是喜欢包装这个盒子却未把任何东西放到里面。）给每个孩子一个小篮子，在里面放上一卷胶带、一把剪刀和一张大的包装纸。观察孩子们如何包装礼物。让一些孩子展示和描述他们的包装方法，鼓励孩子们从别人那里获得包装的灵感。留心

时 间

小组活动时间

材 料

❧ 待包装的物品，如节日或生日礼物，惊喜礼品，母亲节或父亲节礼物，平时随便送的或"没有特殊理由的"礼物（这些东西可以是孩子们自己制作或挑选的，例如他们的艺术作品、手工书或是收集的树叶和贝壳）。

❧ 不同形状或大小适宜的用来包装礼物的盒子

❧ 不同大小的包装材料，如提前裁好的方形包装纸、新闻用纸、砂纸、箔纸、布、蝴蝶结和丝带等

❧ 为每个孩子准备一个装有剪刀和固定物（如胶带、糨糊、细绳或固体胶）的小篮子。

是否有孩子更换了包装纸的形状使之与盒子的大小和形状更为匹配。

倾听孩子们在这一过程中描述的位置和方向，如："将这个盒子放到纸的**正中间**。"或者："你应该在整个盒子**周围**缠一圈胶带。"重述孩子们的话，以支持和扩展他们的行为和观察。

孩子们的话：

"这个盒子太大了。我需要一个小一点的。"

"我要剪剪这张纸。它太大了。"

"你把这边提起来，这样我就可以用胶布把它粘上了。"

"我妈妈将这个边缘折起来了让它变直。"

"在两边都贴上胶带，这样它就可以粘在一起了。"

"这张纸太薄了。我需要一些不透明的东西。"

"你要先粘中间，然后再粘两边。"

"把它翻转过来，这样我就可以把底部折起来了。"

结束

在孩子们完成了他们的包装后，评论每个包装的不同之处。问问孩子们他们是否认为礼物的接受者能猜出里面装的是什么。让孩子们将剪刀和胶带放回到他们的小篮子中，并把碎纸屑扔掉。

延伸

- 将包装纸、丝带和蝴蝶结放到艺术区。
- 收集不同大小的盒子并将其添加到艺术区。
- 在计划或回顾时间，拿出纸和（或）大小不同的盒子，让孩子们包装一些他们打算要玩（或者已经玩过）的东西。鼓励孩子们使用描述尺寸、形状及其他特征的词汇。提一些开放性的问题，并讨论这些物品与他们将要玩（或已经玩过）的物品的相对位置，如："你要把这些麦片盒放到哪儿?"

◆ ◆ ◆ ◆

数学关键经验

空间

改变物体的形状和排列（包裹、弯曲、拉伸、堆叠和围绕）

体验并描述在活动区、建筑区和邻近区域中的位置、方向和距离

分类

区分并描述形状

排序

比较属性（长／短，大／小）

其他关键经验

语言和识字

和其他人谈论有意义的个人经历

主动性与社会关系

处理游戏中的问题

创造并体验合作性的游戏

学前儿童观察记录量表中的数学项目（COR）

AA. 比较属性

CC. 识别位置和方向

EE. 识别材料及其特征

全美数学教师理事会标准（NCTM）

几何

描述、列举并解释空间中的相对位置，并应用这种相对位置的思维

识别并运用移动、翻转、旋转

辨别和创造对称的图形

测量

了解长度、体积、重量、面积和时间的属性

根据上述属性比较和排列物品

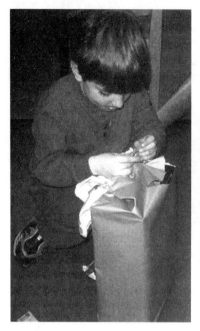

时　间

本章导读

时间也是幼儿需要学习、感知的一个重要的数学概念。

在高瞻课程中，与时间有关的关键经验有四种（详见第一章）。

时间虽然是个抽象概念，但是却可以用具体、形象的方式来感知。本章为读者提供的有关时间的 10 个案例活动就是帮助幼儿以具体的方式、通过感官来感知时间的多种变化。

本章活动

第41节 快走与慢走

时 间

户外活动时间或实地考察

材 料

❀ 被分成两栏的记录纸，在
其中一张纸上标上"快"，
另一张纸上标上"慢"。

❀ 马克笔

开始

告诉孩子们大家要一起到附近走走，去找一找那些移动得快和移动得慢的物体。在路上你会记录下他们所看见的物体，并在回到教室后对看到的物体进行汇总。将记录纸展示给孩子们看，同时将"快"和"慢"两个词念出来。让孩子们想一想他们在路上行走时可能会看见的物体，并问问他们这些物体应该归到"快"的一栏还是"慢"的一栏。

过程

在行走的过程中要不时地停下来，这样孩子们才能够仔细地观察周围的一切。鼓励他们留意各种移动的物体，包括车辆、行人、树枝、叶子、动物、形状各异的云彩和闪烁的信号灯。当孩子们看见移动的物体时，让他们告诉你应归入"快"的一栏还是"慢"的一栏，并让他们说出这样分类的理由。重复孩子们所使用的描述性词汇，并向他们介绍一些与运动速率有关的新词汇，比如**快的**、**迅速的**、**蠕动**

的、快速上升的、行动迟缓的、呼啸而过的。

孩子们的话：

> "那只小猫跑得好快，它一定非常害怕。"
>
> （弯下腰仔细研究一只昆虫）"它正在以非常慢的速度爬行。"
>
> "爸爸开车开得超级快。嗡，嗡！"
>
> "云朵在飞速移动。"
>
> "这条毛毛虫停止移动了。它还能算移动的物体吗？"
>
> （注视着缓缓飘落的一片树叶）"它下落得很慢。"
>
> "我跑得比萨米（Sammy）快。"
>
> "跳跃是慢还是快呢？"
>
> "我看见两只松鼠在树上赛跑，把它们记入到快的一栏中。"

结束

回到教室后，将记录纸放在桌子中间或粘贴在墙壁上，以便大家都可以看见。将记录在两栏中的物体都读出来。和孩子们一块数归入"快"这一栏中的物体数目，并将这个数字写在底部。以同样的方法处理"慢"一栏中的物体。问问孩子们，哪一栏中的物体更多。

其他可选材料/活动

- 在外面行走时，让孩子们遵从信号灯的指示停止和通行，教师可以先带头做个示范。选择一种信号——例如，你可以拍手或者直接说出"开始"和"停止"——重复几遍以确保孩子们理解如何进行这个活动，然后让孩子们轮流带头指挥，他们也可以设计自己的信号。让这个小指挥者决定应该快速行进还是慢速移动。

延伸

- 和孩子们一起调查室内外的活动场所中以某种方式移动的物品（例如：球、自行车、秋千、陀螺、盒式磁带播放机和磁带、打蛋器、手摇钻①、电脑游戏）。做一张记录表，记录下哪些物体移动得快，哪些移动得慢。
- 在大组活动时间，播放具有不同节奏的音乐片段并让儿童随着音乐节奏挥动丝巾。鼓励孩子们按照节奏挥动丝巾。

◆ ◆ ◆ ◆

数学关键经验

时间

体验和描述一个运动速率

预测、记忆和描述事件的顺序

分类

探索并描述事物的相同点、不同点和属性

数

比较两组物品的数量，决定哪个"更多"，哪个"更少"或者"数量相同"

点数物体

其他关键经验

语言和识字

描述物体、事件和关系

用多种方式阅读：读故事书，读标志和符号，读自己的作品

学前儿童观察记录量表中的数学项目（COR）

Y. 给物体分类

---

① 指一种工具，可以在一些材料上钻孔。——译者注

AA. 比较属性

BB. 数数

DD. 识别顺序、变化和因果

FF. 认识自然物和生物

全美数学教师理事会标准（NCTM）

数

在理解的前提下数数，识别出一系列物品"有多少个"

代数

按大小、数目和其他性质整理、分类、排列

测量

了解长度、体积、重量、面积和时间的属性

根据上述属性比较和排列物品

数据

向孩子提出问题，让他们收集有关自身和周围环境的数据

根据事物的属性整理和分类物体，整理有关物体的数据

运用实物、图片和图表描述数据

第42节　要用多少首音乐的时间

时　间

过渡时间，比如清扫或外出前的穿衣时间

材　料

❧ 录有不同节奏的音乐唱片

❧ 用于记录一整首歌曲或一段歌曲重复次数的材料，比如：

(1) 表格和马克笔——一首或一段歌曲每被唱到一次就在纸上做一个记号。

(2) 两个篮子，一个装满乐高积木，另一个什么也不装——一首或一段歌每被唱到一次就将一块积木从满的篮子中移动到空的篮子中。

开始

告诉孩子们，在过渡时间（比如清扫或者外出前准备时间）你会一直唱一首他们熟悉的歌曲，直到这个过渡时间结束。让他们猜猜到结束的时候这首歌（或其中的某段）要被重复唱多少遍。比如："你认为在打扫完教室之前我们能唱多少遍《老麦克唐纳有个农场》（*Old MacDonald Had A Farm*）这首歌？"或者："《老麦克唐纳有个农场》里唱到很多动物。我想知道在完成清扫之前我们能唱到里面的哪些动物？"

过程

每当你开始重复唱一首或一段歌曲时，大声宣布出重复的次数，比如："现在是第三遍了！"让孩子们使用表格、玩具或者其他制表方式记录歌曲重复的次数。发表一些评论，比如："现在唱到这首歌的第四段了，我们马上就要唱完了。"定时问一问孩子们："你认为在过渡活动（清扫或出门前的穿衣等）完成之前还要重复唱这首歌（或这段歌词）多少遍？"做一些其他提醒，让儿童注意时间和活动速率，例如："你们现在移动的速度更快了。只唱了两段歌曲的时间里你们就打扫完了整个艺术区。"

孩子们的话：

"我们需要唱好几首歌的时间来完成它。"

"只需要唱一首歌的时间。我们很快就能完成它！"

"我厌烦这首歌了。"

"一段—两段—三段歌词。"

"博妮塔（Bonita）做了两个记号，但是这首歌我们只唱了一遍。"

"假如我们做完了清扫，但是这首歌只唱了一半，该怎么办呢？"

"让我们比昨天做得更快些——只花唱两遍歌的时间。"

"纳迪亚（Nadia）没帮什么忙。她让我们花了唱更多遍歌曲的时间。"

结束

活动结束后，数一下做了多少个记号，看看一首歌曲被重复唱了多少遍。和孩子们一起大声地数出来，每数到一个记号就指着记录表上的记号（或者将那个篮子里的乐高积木高高举起）。制作一个表格模板，便于以后做同样的活动，还可以比较每一次活动重复歌曲的次数，注意它是比原来的遍数增多了、减少了还是保持不变。

其他可选材料/活动

- 将同样的活动做两次，一次用一首短的歌曲，另一次用一首长的歌曲。比较重复这两种歌曲的记号数。让孩子们解释为什么唱不同的歌曲记号数会有差异。

- 从某天起开始记录一项活动，并且在第二天重复相同的歌曲和活动。让孩子们预测这天重复唱歌曲的次数是比前一天更多、更少还是相同。比较这些结果。与孩子们探讨他们是否使用了更快、更慢或同样的速度完成与之前相同的活动。讨论原因何在（例如："今天我们把所有的积木都拿出来了，所以我们需要更多的时间将它们放回去。"或者："我今天没有穿靴子，所以我穿衣服花的时间更短。"）。

延伸

- 在接下来的几天中，让孩子们挑选歌曲。
- 让孩子们提议其他（像唱歌）可用来计时的活动。
- 让孩子们提议其他记录歌曲被唱次数或段落重复次数的方法。
- 用磁带或 CD 机播放歌曲来代替自己唱歌，并且让孩子们预测在活动结束时或达成一个目标时将重复播放同一首歌曲多少遍。
- 鼓励孩子们在所有需记录重复次数的活动中担任记录者。

◆ ◆ ◆ ◆

数学关键经验

时间

体验和描述一个运动速率

体验和描述时间间隔

预测、记忆和描述事件的顺序

排序

比较属性（长／短，大／小）

数

比较两组物品的数量，决定哪个"更多"，哪个"更少"或者"数量相同"

将两组物体一一对应地排列

点数物体

其他关键经验

主动性与社会关系

参与小组活动

音乐

跟着音乐移动

唱歌

学前儿童观察记录量表中的数学项目（COR）

AA. 比较属性

BB. 数数

DD. 识别顺序、变化和因果

全美数学教师理事会标准（NCTM）

数

在理解的前提下数数，识别出一系列物品"有多少个"

增强对整数的认识，并能灵活地阐述和使用，包括联系、组合和分解数

用各种实物模型和表征将数字和数词与它们所表示的数量联系起来

测量

了解长度、体积、重量、面积和时间的属性

掌握如何使用标准和非标准单位测量

数据

运用实物、图片和图表描述数据

向孩子提出问题，让他们收集有关自身和周围环境的数据

第43节 随着音乐起舞

时　间

大组活动时间

材　料

❀ CD 或录音机

❀ 节奏各异的器乐曲，包括熟悉的音乐和新的音乐（最好使用器乐曲，这样孩子们才能把注意力集中在节奏上而不是歌词上）。每首乐曲应该持续大约 60 秒的时间。按节奏混合排列歌曲的播放顺序，有时可以是快慢不断变化的音乐，但偶尔也可以把两个或更多具有相似节奏的音乐排在一起放。

开始

告诉孩子们，他们将要随着不同类型的音乐舞动起来。在播放的音乐中，有他们熟悉的一些曲调，同时也有一些新的音乐。这些音乐中有慢节奏的，也有快节奏的，还有处于两者之间的。

让孩子们听到慢节奏的音乐时不要移动。问问他们这部分音乐是慢节奏的还是快节奏的。然后，将音乐重复播放一遍，并且鼓励孩子们跟随音乐挥舞手臂，进而再跟着音乐舞动整个身体。在播放快节奏音乐时，重复以上做法。最后，让孩子们描述这两段音乐的不同之处。

过程

当孩子们理解了根据不同节奏舞动的要求，可以（通过评论或改变其动作的方式）让他们自己注意到这些变化。观察音乐的节奏和孩子们舞出的与之相关的动作，比如："萨曼莎（Samantha）在慢节奏音乐中滑翔。"或者，

"这个音乐节奏很快！我看见你们都在四处跳。"重复和拓展孩子们的词汇，包括类似于慢（更慢）、快（更快）、迅速的、快速的、梦幻的、猛烈的、急忙的、懒洋洋的、跳跃的等词汇。另外，除了留心倾听音乐是怎样的，还要描述（并鼓励孩子们仔细聆听）这个音乐的变化，比如："这个音乐不像刚才那么快了，它慢了下来。"或者，"音乐已经不同了，它现在是什么样的呢？"

孩子们的话：

"我在随着音乐跳跃。"

"这个音乐让我感觉像是小憩了一会儿。"

"看，这首歌曲节奏很快，像是在急速旋转。"

"我知道这首歌曲。你昨天播放过它。"

"我的手摇晃得很快。"

结束

让孩子们从你将要播放的两首歌曲中选择一种节奏，并鼓励他们跟着这个节奏过渡到下一个活动中。播放慢节奏的音乐，同时说："谁想移动得慢一些，就及时随着音乐进入下一个活动。"然后播放一段节奏快一些的旋律，并且说："谁想移动得快些，就随着音乐进入下一个活动。"

延伸

- 把 CD 或磁带（以及播放机）放在教室中一个合适的位置（音乐区、生活区），以便孩子们可以自己去体验音乐，探索自己的动作。
- 在过渡环节播放不同节奏的音乐，鼓励孩子们跟随着音乐舞动身体。
- 让孩子们把在家里自己和家人爱听的音乐带来。鼓励他们去描述音乐的节奏，并让他们带动其他儿童也随着音乐舞动。

- 如果你有一个唱片机，用不同的速率播放一张唱片。比如，用33转的速度播放一张45转的唱片。另外，放一根针在唱片上，以不同的速率用手转动唱片机，让孩子们留意发出来的声音会怎么样。（注意：有些家庭可能会有可以使用的旧唱片机。你也可以在二手商店或旧货市场找到价格便宜的唱片机。）

◆　◆　◆　◆

数学关键经验

时间

当信号出现时，开始或停止一个动作

体验和描述一个运动速率

分类

探索并描述事物的相同点、不同点和属性

区分并描述形状

描述某事物不具备的特性或不属于哪种类别

排序

比较属性（长/短，大/小）

其他关键经验

运动

原地运动（固定位置的活动：弯曲、扭转、摇摆、摆动手臂）

移位运动（非固定位置的活动：跑步、跳跃、跳绳、行走、攀登）

活动中表现出创造力

描述运动

感受和表达稳定的节奏

音乐

跟随音乐移动

学前儿童观察记录量表中的数学项目（COR）

AA. 比较属性

DD. 识别顺序、变化和因果

全美数学教师理事会标准（NCTM）

测量

了解长度、体积、重量、面积和时间的属性

根据上述属性比较和排列物品

数据

向孩子提出问题，让他们收集有关自身和周围环境的数据

根据事物的属性整理和分类物体，整理有关物体的数据

第44节　随音乐开始与停止的清扫

清扫时间

材　料

❦ 磁带或 CD 播放机

❦ 各种音乐，包括是快节奏
和慢节奏的两种

开始

告诉孩子们你将在清扫时间播放音乐。只要音乐在播放，他们就应该进行清扫。一旦音乐停止，他们就应该停止打扫，并且站在原处不动，直到音乐再次响起。

过程

使用能够引起注意并能提醒开始和结束的语句向孩子们描述正在进行的事情，比如："音乐开始播放，打扫时间到了。"或者，"音乐刚停。请站在原地不动，直到你听到音乐再次响起。"使用比较的句子来点评孩子们反应的快慢："你们中的一些人很快就停下来了。另一些人太专注手中的活儿了，他们过了一会儿才注意到音乐已经停止了！现在请你们全都原地站着不动。"

当孩子们理解了这个游戏后，改变音乐播放的速度（你也可以在下一次活动时再尝试这个做法）。让孩子们关注音乐的节奏是快还是慢，并且鼓励孩子们变换节奏以配合音乐。让孩子们对你将要播放的音乐的长度做出预测,比如:"你认为接下来的音乐播放的时间会更长还是更短?"鼓励孩子们比较不同音乐间的时间间隔:"这段音乐的时间间隔比上一段音乐更长一些还是更短一些呢?"或者,"我接下来应该播放一段间隔比上段音乐更长一些还是更短一些的音乐呢?"

孩子们的话:

> "音乐停止了,大家都站着不要动!"
> "朱烈(Julie),你该停下来了。"
> "现在音乐又开始播放了!我们可以动了。"
> "我像音乐一样动得很快!"
> "这一次放一段很长而且节奏很慢的音乐。"

结束

继续播放和停止音乐,直到所有的材料都被清理干净。你可以在最后播放一段节奏很快并且持续时间很长的音乐以保证所有的东西都被放好。当孩子们完成的时候,最后一次中止音乐,让所有的孩子都站着不动。做一个类似于"清扫已经结束,现在所有的人都站着不动"的评论,让其中一个孩子给出一个让大家都过渡到下一个活动的信号。

延伸

- 在接下来的几天中,让孩子们自己选择音乐并且去播放和停止它。
- 使用播放和停止音乐的方式来进行其他活动或过渡活动,如从清理过渡到下一个活动;在进行户外活动之前的穿衣活动;开始和结束一个小组活动;户外活动时在两个标志物之间(或以不同速度进行的活动)的奔跑活动。
- 把音乐播放机和磁带放在音乐区,这样孩子们就可以在工作时间尝试自己停止和播放音乐。

- 当儿童在户外活动时间使用骑乘玩具时，鼓励他们使用信号来开始和结束。例如，他们可以举起一个红色标志，上面写上"停止"或"禁止通行"，或者举起一个绿色标志，在上面写上"行进"或者"前进"。给每个方向设计一个手势信号，可以用连续地拍手或哼唱表示"行进"，停止拍手或哼唱表示"停止"。

◆　◆　◆　◆

数学关键经验

时间

当信号出现时，开始或停止一个动作

体验和描述一个运动速率

体验和描述时间间隔

分类

探索并描述事物的相同点、不同点和属性

区分并描述形状

排序

比较属性（长/短，大/小）

其他关键经验

主动性与社会关系

参与小组活动

运动

移位运动（非固定位置的活动：跑步、跳跃、跳绳、行走、攀登）

携带物品移动

描述运动

作用于运动方向

音乐

跟随音乐移动

学前儿童观察记录量表中的数学项目（COR）

AA. 比较属性

DD. 识别顺序、变化和因果

全美数学教师理事会标准（NCTM）

测量

了解长度、体积、重量、面积和时间的属性

根据上述属性比较和排列物品

第45节 有序地计划和回顾

时 间
计划时间或回顾时间

材 料
♣ 如果需要，可使用计划活动和回顾活动的道具。

开始

当孩子们在做活动计划或对活动进行回顾时，鼓励他们描述将要按计划去做（或已经做过）的事情。比如："你为小鸟筑巢时，首先需要什么？"或，"在画完一棵树后，你**接下来**要做的是什么？"或，"就在乔希（Josh）为了打扫而开灯**之前**发生了什么？"

过程

对儿童的描述发表评论，并用强调事件或活动顺序的方式向孩子们发问。介绍一些表示时间和顺序的词汇，例如，"**开始**""**首先**""**接下来**""**之前**""**之后**""**第一**""**第二**""**然后**""**最后**""**完成**"和"**最终**"。提供具体信息来帮助孩子们思考事件或活动的细节，回忆发生过的事件。比如："肯德拉（Kendra）在我们即将开始清扫时给每个人打了'流感疫苗'。她或许可以告诉你们她准备'针头'时的步骤。"或者，"我看见佩里（Perry）跳进了圆圈的中心，发出一声巨响。你记得就在他发出那个声音的时候你在做什么吗?"鼓励孩子们在别人回忆的基础上与他人一起对事件和活动进行计划和回顾。在孩子们描绘活动或事件的顺序时,鼓励他们也进行时间间隔的比较("你画第二幅图所花的时间比第一幅图更长一些还是更短一些"),看他们是使用了"全部"还是"部分"的时间完成一个活动,等等。

孩子们的话:

"在调颜料之前我要先穿上一件小罩衣。"

"我和吉米(Jimmy)弄得一团糟。所以一会儿我们要去把它擦干净。"

"闪闪发光的胶水蛋糕已经做好了。但是蒂姆(Tim)说要去打扫,所以我们只能把蛋糕留到第二天再吃。"

"它恰恰就是这样发生的!"

结束

在孩子们离开计划桌之前,按顺序重复他们的一些想法。鼓励他们记录下自己在工作时间做了什么,随后在回顾时间,你将会提问这些事情发生的顺序。在你结束回顾活动并进入到下一个活动后,问问孩子们接下去的事情会以怎样的顺序发生。比如,如果是甜点时间,强调以下顺序:先洗手,然后摆放食物,之后用餐,最后,在进入下一个活动前打扫卫生。

延伸

● 当孩子们阐述他们的活动计划时,记录下他们计划中的做事步骤和顺序(可以由教师来做速记,或鼓励正在书写的孩子把自己的步骤记下来)。在回顾时间,让他们对照之前的计划和实际所发生的事情。(注意:要事先考虑到孩子们不会总是按照自己的计划行事。关键在于比较预期的计划和实际发生的事情，而不是去评判他们是否遵循了最初的计划。)

- 设计一些个人的回顾表，在纸片的顶部横着写上**最长时间**，在中间横着写上**最短时间**。让孩子们分别写上或者画上在工作时间内他们花了最长和最短的时间所做的事。

- 当孩子们投入活动时，给孩子们照下"拍立得"照片。然后把照片打乱，在回顾时间让孩子们将这些照片按顺序整理，并且描述事件的顺序。

- 为临出门前穿衣服的过程制作一张图解，用图片和简单的文字来说明图解中的每一个步骤。为这个过程编一首歌曲。比如，套用《两只老虎》（*Frere Jacques*）的曲调吟唱下面的歌词（或者让孩子们自己编歌词）：

> 先穿上雪裤，先穿上雪裤，
> 再穿上外套，再穿上外套，
> 最后穿上靴子，最后穿上靴子，
> 帽子和手套，帽子和手套！

◆ ◆ ◆ ◆

数学关键经验

时间

体验和比较时间间隔

预测、记忆和描述事件的顺序

分类

区别"部分"和"整体"

其他关键经验

语言和识字

和他人谈论有意义的个人经历

描述物体、事件和关系

主动性与社会关系

制订并且表达出选择、计划和决定

参与小组活动

学前儿童观察记录量表中的数学项目（COR）

DD. 识别顺序、变化和因果

全美数学教师理事会标准（NCTM）

测量

了解长度、体积、重量、面积和时间的属性

根据上述属性比较和排列物品

数据

向孩子提出问题，让他们收集有关自身和周围环境的数据

第46节 与时间赛跑

开始

当孩子们开始一项活动时，告诉他们在活动进行的过程中，他们要和计时器"赛跑"。他们要做的是在计时器规定的时间内完成某个活动，可以对孩子们说："来看看我们是否能够在沙漏中的沙子漏完之前将所有的积木收拾好。"你可以问问孩子们是需要一段较短的时间还是一段稍长的时间去完成给定的活动。如果你要用烹调定时器，问问他们需要设置多少分钟。开启计时器时，同时说"开始"。

过程

评论孩子们与计时器"赛跑"中正在发生的情况，比如："现在仍然还有很多沙子没漏完，但是每个人都已经穿好各自的外套了。"或，"计时器已经响了，你还有两碗干果巧克力需要装。"使用关于时间的词汇和短语，例如，**"快（更快）""慢（更慢）""之前""之后""提前""第一""最后"**等。

让孩子们轮流担任计时员。鼓励计时员们

大声宣布他们即将作出的动作，如：按下计时器开始计时，即将结束计时和正式结束计时。鼓励孩子们猜测剩下的时间还有多少。

孩子们的话：

"计时器马上就要响了。"

"我在计时器响起之前就完成了。"

"索尼娅（Sonya），你最好快一些。现在沙漏里只剩下一点沙子了。"

"这个要花费很长的时间。最好将它设置成两百分钟。"

"再试一次。我可以做得更快。"

"那个计时器走得太慢了。我都已经完成了。"

"那真是一次迅速地清扫！"

"我和贾里德（Jared）进行了一次比赛。我们都在计时器的铃声响起之前就完成了。"

结束

在快到结束时间时给出提示，可以说："所有的沙子马上就要漏完了。"或，"现在距离计时器响起只有一分钟的时间了。"到了规定时间，就要大声地提醒，可以说："铃声响了。你们都在规定的时间之内完成了吗？"观察他们在规定的时间内是完成了全部任务还是部分任务。

其他可选材料/活动

- 在户外活动时间，使用不同类型的计时器为孩子们的赛跑或他们自己设计的游戏活动计时。
- 让孩子们在常规活动或其他通常由教师主导的活动中担任计时者，例如为小组活动分发材料。

- 使用大小各异、装有不同分量沙子的瓶子。

延伸

- 将计时器放在房间的不同地方，这样在工作时间孩子们就可以在他们所选择的活动中利用计时器进行比赛。贴一张图表供孩子们记录下他们计时的活动，并记录下他们是否"打败"了计时器。
- 在一日生活中的其他时间，让孩子们提出一些他们可以计时的活动。
- 在回顾时间，使用一个计时器或孩子们选择的计时器来估算讲述他们的活动计划或工作需要多长时间。

◆　◆　◆　◆

数学关键经验

时间

当信号出现时，开始或停止一个动作

体验和描述一个运动速率

体验和描述时间间隔

分类

区别"部分"和"整体"

排序

比较属性（长/短，大/小）

其他关键经验

主动性和社会关系

关注个人需要

参与小组活动

运动

移位运动（非固定位置的活动：跑步、跳跃、跳绳、行走、攀登）

携带物品移动

学前儿童观察记录量表中的数学项目（COR）

AA. 比较属性

DD. 识别顺序、变化和因果

全美数学教师理事会标准（NCTM）

测量

了解长度、体积、重量、面积和时间的属性

掌握如何使用标准和非标准单位测量

数据

向孩子提出问题，让他们收集有关自身和周围环境的数据

第 47 节　沙漏计时器回顾

时　间

回顾时间

材　料

♣ 两个沙漏计时器，可以用螺旋筒把两个塑料瓶子接起来做成一个沙漏。（在不同沙漏里装上不同分量的沙子。）

开始

在回顾时间开始时，将两个沙漏计时器放在桌子上，问孩子们："你们认为哪一个计时器中的沙子会先漏完？"将计时器倒转过来看看哪一个先漏完。问问孩子们为什么其中一个计时器中的沙子会比另一个先漏完。

过程

告诉孩子们，他们需要选择一个沙漏计时器来为自己的回顾过程计时。帮孩子们决定他们是需要一段较长的时间还是一段较短的时间去完成轮流回顾的过程。让一个孩子挑选计时器，将它倒转过来计时，然后开始他的回顾（可另挑选一个孩子担任计时员）。当沙漏中的沙子漏完时，让这个孩子把计时器传给接下来做回顾的孩子。如果有孩子想比规定的时间说得更久，允许他说完之后再将计时器传给下一个孩子，或者他们可以选择将沙漏倒过来再进行一轮。

孩子们的话：

"装盐的这个瓶子比装沙子的瓶子流得快一些。"

"沙子流下来需要更长的时间，所以你可以说多一些。"

"我想用两倍时间（将沙漏计时器倒转两次），因为一次的时间不够长。"

"准备好了，开始吧。"

"这个沙漏中的沙子装得更高，所以它的计时会更长。"

结束

当最后一个孩子结束回顾时，问他们是否可以在计时器上规定的时间结束前做好准备进入下一个活动（例如洗手，准备吃甜点，或者进入到大组活动时间）。

延伸

- 在房间里放置各种各样的瓶子计时器。在瓶子里装入不同的材料，例如盐、水、玉米糖浆。
- 在清扫活动时间，让孩子们在计时器所设定的时间结束前将特定数量的玩具收好。
- 在生活区中添加一个厨房用的烹煮计时器。

◆ ◆ ◆ ◆

数学关键经验

时间

当信号出现时，开始或停止一个动作

体验和描述一个运动速率

*我比你大，**我五岁***

——学前儿童数学能力的发展

体验和描述时间间隔

预测、记忆和描述事件的顺序

排序

比较属性（长/短，大/小）

空间

体验和描述游戏场地、建筑物中和附近区域中的位置、方向和距离

其他关键经验

语言和识字

和他人谈论有意义的个人经历

描述物体、事件和关系

学前儿童观察记录量表中的数学项目（COR）

AA. 比较属性

CC. 认识位置和方向

DD. 识别顺序、变化和因果

全美数学教师理事会标准（NCTM）

测量

了解长度、体积、重量、面积和时间的属性

根据上述属性比较和排列物品

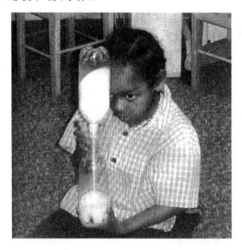

第48节 一日生活流程表

开始

为你的班级制作一个一日生活流程表，这个表格能显示你们每天都做的事情的顺序。把每个事件（问候时间、计划时间、工作时间等）画成一个标志或一幅图片，并且写出一天中这段时间的名称。在问候时间，向孩子们介绍你在墙上或公告板上贴的按顺序安排的一日生活流程表。与孩子们讨论他们在幼儿园生活的顺序。向他们解释，表格中代表一天中花费时间较长的单元格比花费时间较短的单元格要更大（更长、更宽）。使用诸如"**第一/第二**""**接下来/最后**""**以后/以前**"以及"**更长/更短**""**更多时间/更少时间**"等词汇来做阐释。

过程

将表中的图片拆下来，并把它们打乱放在一起。让孩子们帮助你将代表一日生活各活动时段的图片按正确的顺序重新组织。让孩子们想想在这一天中发生的第一件事情是

时　间

问候时间（greeting time），工作时间

材　料

❀ 一日生活流程表（带图和文字标签），将图表分成不同的单元格，每一个单元格的尺寸需对应它所代表活动持续的时间长度（例如，一个代表15分钟问候时间的单元格的尺寸应相当于一个代表45分钟的工作时间的单元格大小的1/3）；表格可以是水平的也可以是垂直的。

❀ 页面保护材料或过塑材料

❀ 晒衣夹或大回形针

什么，再让他们寻找一张能代表那个活动的照片。给一日活动的每一个部分命名，和孩子们谈论在每一个活动时段发生了什么。讨论一个活动时段是否比另一个活动时段所需时间更长或更短。继续这样的做法，直到将代表一日生活中所有活动时段的照片都按顺序排好，再计算所有活动时段的总数目。

孩子们的话：

"第一个是问候时间。"

"最后一个是户外活动时间。"

"在点心时间之前是小组活动时间。"

"我们在吃点心之前洗了手。"

"工作时间很长，因此我画了三幅画。"

"有时候，当我迟到时，我就错过了问候时间。"

"放学之后我去安德烈（Andrea）家。"

"户外活动时间很长。"

"先是大组活动，然后是小组活动。"

结束

将一日生活流程表贴在墙上（横贴或竖贴），供孩子们在一天中参考。当你从一天中的一个活动时段过渡到另一个活动时段时，把晾衣夹或大回形针沿着表格上各活动时段顺序后移。当孩子们对这个程序熟悉之后，让他们自己移动晾衣夹或回形针。

其他可选材料/活动

- 指出一日生活流程表中的图片有些尺寸较另一些大，有些则相反。问问孩子们是否知道这样做的原因。向他们解释，尺寸较大的图片代表比其他活动时段持续的时间更长。让孩子们给一天中一些持续时间长的和短的活动时段命名。

- 在野外郊游时照相。给那些持续时间较长的事件拍摄下更多的照片。彩印这些照片，或者把数码相机拍摄的照片打印出足够多的份数，以保证每个孩子都能拥有一套完整的照片。在接下来一天的小组活动时间让孩子们将各自的照片按照时间顺序排好，并且讨论这些照片，包括每一个活动所持续的时间长短。使用诸如"**首先**""**接下来**""**之前**""**之后**""**更长**""**更短**"一类的词汇撰写一个有关郊游的故事。

延伸

- 复印一份一日生活流程表，将代表每一活动时段的图片部分过塑或装在一个页面保护套中，这样孩子们就能够练习如何将这些照片页按顺序摆放好。
- 制作一本可让孩子们带回家的一日生活小册子。让家长和孩子们一起阅读这本书，这样他们都能逐渐熟悉课堂活动的流程。在每一个活动时段中给每个孩子拍照，并把这些相片添加到小册子中，供家长与孩子们谈论他们在一天中的各个活动时段都做了些什么。
- 把粘贴在墙上的一日生活流程表中的一张翻到背面或移开，让孩子们指出少了哪一个部分。给孩子们一些线索和提示来帮助他们去回忆。
- 制作其他展示特定任务中具有按顺序排列的步骤的表格。比如，制作展示洗手步骤的卡片，其步骤可包括：①打开水龙头；②在手上涂肥皂；③搓泡泡；④擦干手。再制作一份参加户外活动前准备活动顺序的卡片：①穿上雪裤；②穿上靴子；③穿上外套；④戴上帽子；⑤戴上手套。

我比你大，我五岁
——学前儿童数学能力的发展

◆ ◆ ◆ ◆

数学关键经验

时间

体验和描述时间间隔

预测、记忆和描述事件的顺序

分类

探索并描述事物的相同点、不同点和属性

区分并描述形状

排序

比较属性（长/短，大/小）

数

点数物体

其他关键经验

主动性与社会关系

参与小组活动

语言和识字

和他人谈论有意义的个人经历

描述物体、事件和关系

用多种方式阅读：读故事书，读标志和符号，读自己的作品

学前儿童观察记录量表中的数学项目（COR）

AA. 比较属性

BB. 数数

DD. 识别顺序、变化和因果

全美数学教师理事会标准（NCTM）

测量

了解长度、体积、重量、面积和时间的属性

根据上述属性比较和排列物品

掌握如何使用标准和非标准单位测量

数

在理解的前提下数数，识别出一系列物品"有多少个"

培养对相对位置、整数大小、序数词、基数词及其关系的理解

数据

运用实物、图片和图表描述数据

讨论与学生经验有关的事件，比如可能事件或不可能事件

第49节 下一步怎么办

时间

第一天：野外郊游

第二天：小组活动时间

材料

❧ 拍立得相机或者数码相机

❧ 给孩子们拍的每一张照片都要有足够的拷贝份数，这样孩子们也会有一套属于自己的照片（你可以复印相片或者打印多套）。

❧ 记录孩子们口述故事的记录纸和马克笔。

开始

在班级到野外郊游或在周围散步时，带上拍立得相机或数码照相机拍照。把打印出的照片带到第二天的小组活动中，并把它们以任意顺序打乱，或直接随意地散落在桌面上。告诉孩子们，你把活动中的照片全部都混在一起了，你需要他们帮忙把照片按照事情发生的顺序整理好。数一数一共有多少张照片，每数一个数就用手指一下那张照片。

过程

给孩子们一套他们自己的照片。在决定按什么顺序排列照片时，鼓励他们讨论照片中都展示了些什么。使用类似于"**第一**""**第二**""**接下来**""**最后**""**之前**""**之后**"等词汇。通过提问帮助孩子们记忆或预测事件发生的顺序。鼓励他们描述细节和记住的小故事，包括在照片中没有展示的一些内容。如果在排序上有不同意见，就采用一个针对该冲突的问题解决法。

当照片在桌上被排成一行或一列，且活动小组已经就其排列顺序达成一致意见时，就在这些照片的角上或背面按顺序标上编号。从第一张照片起一张接一张让孩子们看照片，回忆当时发生了什么。在记录纸上写下他们的话，并将这些话标上与照片的顺序相对应的编号。用不同颜色的笔写照片上的每个数字，再用对应的相同颜色为那张照片写描述语。然后将照片粘贴在记录纸上与它相对应的段落旁边。

孩子们的话：

"这个发生在那个之后。"

"我们先经过这个房子的，因为我记得这只小猫。"

"你是怎样将它们混在一起的？你将它们掉到地上了吗？"

（数照片）"1—2—8—5—3。"

"这就是我和蒂米（Timmy）等待时待的那个角落。当你们后来赶上我们时，你有没有给我们拍照？"

"哇，那是好长一排的照片。我们一定走了好远！"

［指着贾法（Jaffa）的照片］"不是的，贾法。这是后面的一张。"

"请记下我是第一个回来的。"

结束

将照片按顺序整理成一叠放到你的手里。让孩子们闭上眼睛挑出其中一张，让他们按其所选照片上面所标的编号按顺序进入到下一个活动（注意，不要让孩子们将选择的照片和他们将要进入的活动弄混）。

延伸

● 把照片按照顺序贴在墙上，或者把照片和孩子们说的故事编成一本书。在问候时间、工作时间或小组活动时间和孩子们一起阅读这些照片和故事。另外，在家长来接送孩子时把这些照片和故事拿出来与他们分享。

- 在一天中的其他时间（工作时间、小组活动时间、户外活动时间）拍一系列照片。把关注点放在具有明确开头、中间步骤和结尾的活动或者孩子们自发进行的项目上，例如用大积木搭建一些东西、画一幅画，或挖一个洞，并用水或卵石填充。编制一本每一页都使用了图片的"序列书"。在这个过程中鼓励孩子们参与和协助。

- 在计划时间，给每个孩子一张被分成三栏的大纸。在每一栏的顶上分别写上1、2、3。鼓励孩子们画象征性图（也可写上文字，如果他们能够自己写的话），代表他们计划在第一部分先做什么，然后在第二部分又做什么，以此类推。在回顾时间，让他们用相同的策略按顺序表达在工作时间所做的活动。

◆ ◆ ◆ ◆

数学关键经验

时间

体验和描述时间间隔

预测、记忆和描述事件的顺序

分类

探索并描述事物的相同点、不同点和属性

排序

比较属性（长/短，大/小）

将若干物体按某种序列或模式依次排列，并能描述它们之间的关系（大/更大/最大，红/蓝/红/蓝）

数

点数物体

空间

改变物体的形状和排列（包裹、弯曲、拉伸、堆叠和围绕）

其他关键经验

创造性表现

把模型、图片、照片和实际情景、事物联系起来

语言和识字

和他人谈论有意义的个人经历

描述物体、事件和关系

讲述故事

主动性与社会关系

处理游戏中的问题

创造并体验合作性的游戏

学前儿童观察记录量表中的数学项目（COR）

Z. 识别模式

AA. 比较属性

BB. 数数

DD. 识别顺序、变化和因果

全美数学教师理事会标准（NCTM）

数

在理解的前提下数数，识别出一系列物品"有多少个"

培养对相对位置、整数大小、序数词、基数词及其关系的理解

用各种实物模型和表征将数字和数词与它们所表示的数量联系起来

测量

了解长度、体积、重量、面积和时间的属性

根据上述属性比较和排列物品

数据

向孩子提出问题，让他们收集有关自身和周围环境的数据

根据事物的属性整理和分类整理物体，并整理有关物体的数据

运用实物、图片和图表描述数据

第50节 管道隧道

材　料

❧ 包装纸筒或纸巾筒，一部分是完整的，另一部分被裁成半截；保证每个孩子至少拥有一个完整长度的和一个半截长度的纸巾筒。

❧ 火柴盒状玩具小车或者其他可以滚过管道的物品，例如乒乓球或玻璃弹珠——数量要足够多，以保证每个孩子至少拥有两个。

❧ 用于测量距离的材料/工具（细绳、卷尺、成卷的可在地板上摊开和作标记的大张纸、不同长度的扁积木）；孩子们可能会提出一些测量距离的不同建议。

开始

向孩子们展示纸巾筒，鼓励他们去探索和描述这些纸巾筒。如果没有人提到管子的长度不同，你就指出来告诉他们。给孩子们玩具小车（或其他小的材料），问问他们小车是否能够通过这些纸巾筒。让孩子们把这些小车放在纸巾筒里试试。然后告诉他们，你很想知道这些小车通过不同长度的纸巾筒各需要多长的时间。将一个长的、一个短的纸巾筒稍微倾斜，并分别将两辆玩具小汽车放进纸巾筒。让孩子们注意哪一辆车先出来，哪一辆车出来时速度更快，以及它们从另一端出来的时候继续行驶了多远。

过程

鼓励孩子们探索纸巾筒的长度和位置（与地板的夹角）的不同组合。问问他们如何能让小车行驶得更快、更慢或速度不变。让他们变换纸巾筒的位置，从平放在地板上到倾斜一个小的角度，再到以大的角度倾斜。

　　和孩子们一起设计一种方法，来标记小车从纸巾筒另一个口出来时在地面上继续前进了多远。鼓励孩子们观察小车驶出纸巾筒开口时的速度和距离与纸巾筒的长度和位置（角度）的关系。支持他们的观察，并拓展他们与时间、距离和位置相关的词汇，例如**快（更快）、慢（更慢）、迅速的、近和远、角度、陡峭的、平坦的、上升的**，等等。

　　孩子们的话：

　　　　"小车从这个短的纸巾筒出来得更快。"

　　　　"我举起了底部，它从那里快速地出来了。"

　　　　"我想我的小车卡在里面了。"

　　　　"我用力推了一下我的小车，所以它走得相当快。"

　　　　"我的表哥让我在公园里试了他的滑板。"

　　　　"这个小车太大了，放不进这个纸巾筒。"

　　　　"我向下按着它，所以它走得慢了。"

　　　　（指出卷尺上的数字）　"这个小车走到了（卷尺上的）3（的位置），但是那一个走到了6（的位置）。"

结束

　　把小车或积木放回他们的存储区域。把纸巾筒和所有可能由孩子们设计的用于测量距离的材料放在玩具区（或其他区域），以供他们在工作时间继续体验。让孩子们滚动着身体进入下一个活动（作为过渡）。

延伸

- 在户外活动时间，使用胶合板、硬塑料纸、海报板、宽板、平整的装饰条或其他牢固的材料制作各种长度和角度的滑道，将橡树果、石头和其他可以找到的自然物品滚下来，比较它们滚下来的速度和距离。也可以在这个活动中使用滑梯。

- 找一些显示有轮子的图片，可以是穿着直排滑冰鞋的人的照片，也可以是行驶在高速公路上的卡车和小汽车的图片。和孩子们一起看看照片上的这些人和物体，问问在他们看来这些物体是在以什么速度移动。

- 在小组活动时间，提供吸管和其他具有不同重量的材料，例如羽毛、数数小熊①、棉花、纸屑、铅笔等。让孩子们通过吸管吹气的方式尝试着去移动物品。听孩子们描述，质量轻的材料运动得快，质量重的材料运动得慢或者不动。提供一些词汇以帮助他们来描述这些活动经历。

◆ ◆ ◆ ◆

数学关键经验

时间

体验和描述一个运动速率

体验和描述时间间隔

分类

探索和描述事物的异同和属性

同时掌握一种以上特性

排序

比较属性（长/短，大/小）

空间

改变物体的形状和排列（包裹、弯曲、拉伸、堆叠和围绕)

体验和描述游戏场地、建筑物中和附近区域中的位置、方向和距离

其他关键经验

语言和识字

描述物体、事件和关系

---

① 原文为 counting bears，是用于帮助幼儿学习数字和简单加减计算的迷你型塑料小熊。——译者注

运动

移位运动（非固定位置的活动：跑步、跳跃、跳绳、行走、攀登）

携带物品移动

学前儿童观察记录量表中的数学项目（COR）

AA. 比较属性

CC. 识别位置和方向

DD. 识别顺序、变化和因果

全美数学教师理事会标准（NCTM）

几何

描述、列举并解释空间的方向和距离，应用有关方向和距离的概念

测量

了解长度、体积、重量、面积和时间的属性

根据上述属性比较和排列物品

数据

向孩子提出问题，让他们收集有关自身和周围环境的数据

附录 1
全美数学教师理事会标准 （NCTM）
(学前至小学二年级)①

---

① 来自全美数学教师理事会（NCTM）撰写的《学校数学的原则与标准》 （*Principles and Standards for School Mathematics*，2000），经授权再版，版权归 NCTM 所有。文中所列标准已获得 NCTM 授权同意，NCTM 不对其内容或有效性负责。

针对学前（pre-k）[①] 至小学二年级的数字和运算标准

幼儿园至 12 年级的教学大纲应当保证所有学生都能够理解**数、表示数的方式、数之间的关系以及数字系统**。期望幼儿园至小学二年级所有学生应当能够：

- 在理解的前提下数数，识别出一系列物品"有多少个"。
- 使用多种模型发展对数的位置的初步认识，十进制系统。
- 培养对相对位置、整数大小、序数词、基数词及其关系的理解。
- 增强对整数的认识，并能灵活地阐述和使用它们，包括关联、组合和分解数。
- 用各种实物模型和表征将数字和数词与它们所表达的数量联系起来。
- 理解和描述常用的分数，如 1/4、1/3 和 1/2。

幼儿园至 12 年级的教学大纲应当保证所有学生都能够理解运算的意义以及相互之间的联系。期望幼儿园至小学二年级所有学生应当能够：

- 理解整数加减的各种含义，以及这两种运算之间的关系。
- 理解加减的作用。
- 理解需要使用乘除法的情形，如相同数量的几组物体和平均分配。

幼儿园至 12 年级的教学大纲应当保证所有学生都能够熟练计算并作出合理的估算。期望幼儿园至小学二年级所有学生应当能够：

- 认识和使用整数运算，重点是加法和减法。
- 熟练掌握基本整数的加减。
- 使用不同的方法和工具如物体、心算、估算、纸、笔以及计算器进行运算。

针对学前至小学二年级的代数标准

幼儿园至 12 年级的教学大纲应当保证所有学生都能够**理解模式、关系和函数**。期望幼儿园至小学二年级所有学生应当能够：

---

① pre-k：英文为 pre-kindergarten，对应的是中国的幼儿园到学前班阶段。——译者注

- 按大小、数目和其他属性对物品进行分类和排列。
- 认识、描述和扩展模型，如一段连续的声音和形状，或简单的数字模型，从一种形式转到另外一种形式。
- 分析如何创建重复且变化的模型。

幼儿园至 12 年级的教学大纲应当保证所有学生都能够**使用代数符号说明和分析数学情形和结构**。期望幼儿园至小学二年级所有学生应当能够：

- 用数字实例阐述运算的一般原则和属性，如加法交换律。
- 使用实体的、图示的和语言的表现方式来增进对新旧符号记法的理解。

幼儿园至 12 年级的教学大纲应当保证所有学生都能够**使用数学模型去表示和理解定量关系**。期望幼儿园至小学二年级所有学生应当能够：

- 使用物体、图片和符号来模拟整数加减情形。

幼儿园至 12 年级的教学大纲应当保证所有学生都能够**分析在各种情境中的变化**。期望幼儿园至小学二年级所有学生应当能够：

- 描述定性变化，比如一个学生长高了。
- 描述定量变化，比如一个学生一年长高两英寸。

针对学前至小学二年级的几何标准

幼儿园至 12 年级的教学大纲应当保证所有学生都能够**分析平面图形和立体图形的特征和性质，发展关于几何关系的数学论证**。期望幼儿园至小学二年级所有学生应当能够：

- 认识、列举、建构、绘制、比较平面图形和立体图形并分类。
- 描述平面图形和立体图形的特性和组成部分。
- 探究、预测组合和拆分平面或立体物体的结果。

幼儿园至 12 年级的教学大纲应当保证所有学生都能够用坐标和其他表示方法确定位置，描述空间关系。期望幼儿园至小学二年级所有学生应当能够：

- 描述、列举并解释空间中的相对位置，并能应用这种相对位置的思维。

- 描述、列举并解释空间的方向和距离，应用有关方向和距离的概念。
- 使用诸如"靠近"等简单方位词和"地图"等坐标系统来指出和表明位置。

幼儿园至 12 年级的教学大纲应当保证**所有学生都能够应用变换和对称分析数学问题情景**。期望幼儿园至小学二年级所有学生应当能够：

- 识别并运用（图形）移动、翻转和旋转。
- 辨别并创造一些对称的图形。

幼儿园至 12 年级的教学大纲应当保证所有学生都能够**使用形象思维、空间推理和几何模型解决问题**。期望幼儿园至小学二年级所有学生应当能够：

- 运用空间记忆和空间想象在头脑中创建几何图形的表象。
- 从不同的视角来识别和描绘图形。
- 把几何思维与数字和测量思维联系起来。
- 识别环境中的几何图形及其结构，并具体说出它们的位置。

针对学前至小学二年级的测量标准

幼儿园至 12 年级的教学大纲应当保证所有学生都能够**理解物体的可测量属性、测量单位、测量系统和测量过程**。期望幼儿园至小学二年级所有学生应当能够：

- 了解长度、体积、重量、面积和时间的属性。
- 根据上述属性比较和排列物品。
- 掌握如何使用标准和非标准单位进行测量。
- 选择合适的度量单位和工具进行测量。

幼儿园至 12 年级的教学大纲应当保证所有学生都能够**使用适宜的技能、工具和公式进行测量**。期望幼儿园至小学二年级所有学生应当能够：

- 使用同一单位大小的各式物品进行测量，例如首尾相连的回形针。
- 反复使用同一种单位大小的物品来测量超出其测量范围的物品，如使用一米长的棍子测量某一房间的长度。

- 使用测量工具测量。
- 使用新的参照物测量以比较和估算。

针对学前至小学二年级的数据标准

幼儿园至 12 年级的教学大纲应当保证所有学生都能**构想可以用数据解决的问题，并收集、组织和展示相关数据来回答该问题**。期望幼儿园至小学二年级所有学生应当能够：

- 向学生提出问题，让他们收集有关自身及其周围环境的数据。
- 根据事物的属性整理和分类物体，并整理有关物体的数据。
- 运用实物、图片和图表描述数据。

幼儿园至 12 年级的教学大纲应当保证所有学生都能够**选择和使用适宜的统计方法分析数据**。期望幼儿园至小学二年级所有学生应当能够：

- 通过对数据整体与部分的描述确定其表明的内容。

幼儿园至 12 年级的教学大纲应当保证所有学生都能够**根据数据进行评价和推测**。期望幼儿园至小学二年级所有学生应当能够：

- 讨论自己的相关经历，将其分析为可能事件或不可能事件。

附录 2

高瞻课程的一日生活流程[①]

施行高瞻课程的教室依循确定的一日生活流程。这种确定的流程为幼儿提供了一个可以选择和依据兴趣行动的结构，也会让幼儿感到安全。同时，这种确定的流程也为教师提供了便利，当这个流程确定下来后，包括环境设计、活动计划等就可以进行了，每一个活动结束后，接下来的活动也总是确定的。

高瞻课程的一日生活流程分为十个部分：

（1）问候时间（15～20分钟），这一时间主要是让幼儿适应从家到幼儿园的转换，给幼儿和成人一些时间分享各自重要的信息。

（2）计划时间（10分钟），在这一时间里幼儿可以做计划，选择在接下来的工作时间里要做的事情。成人可帮助幼儿延伸他们的计划。

（3）工作时间（45分钟），让幼儿执行计划的时间。他们可以在任何一个区域，使用任何一种材料"工作"。成人观察幼儿，寻找机会参与幼儿的活动，鼓励其思考。

（4）清扫时间或整理时间（10分钟），幼儿和成人一起将材料和其他

---

① 此部分内容为译者所加。——译者注

物品归还原位。如果有需要，可以一起寻找地方展示作品。

（5）回顾时间（10分钟），幼儿思考、谈论、展示他们在工作时间里所做的事情或作品。

（6）点心时间或进餐时间（20分钟），幼儿和成人一起以一种家庭式的、轻松的方式边聊天边进餐。

（7）大组活动时间或集体活动时间（10~15分钟），幼儿和成人一起玩游戏、讲故事、唱歌、做手指游戏、玩乐器，回顾并扮演特别的活动或节日等。这个时间是幼儿参加团体活动、分享和相互学习的好机会。

（8）小组活动时间（15~20分钟），一个成人带领相对固定的一组幼儿（6~10人），由成人计划或引领进行材料互动。尽管是成人提供的材料，但是每个孩子与材料的互动方式是由自己控制的。

（9）户外活动时间（30分钟），幼儿参与各种各样的户外游戏活动。成人参与并支持幼儿的户外游戏。

（10）过渡环节时间，包括入园和离园（时间可变）。

以上各部分间的顺序可根据项目的开放时间和结构调整。但计划时间、工作时间和回顾时间通常都是按照上述顺序进行的。在半日的高瞻课程中，每个环节通常只发生　次。在全天的高瞻课程中，可以重复其中的一个或多个环节。

关 于 作 者

安·S. 爱泼斯坦（Ann S. Epstein）博士自 1975 年起供职于高瞻教育研究基金会，目前担任该基金会幼儿部主任。在职业生涯中，爱泼斯坦博士不仅开发了早期儿童课程的相关教材，对高瞻教育专家团队在全美和其他国家的在职培训进行了指导，还对全美幼教协会（NAEYC）认证的高瞻示范幼儿园的实施进行了监督，此外还承担了对国家、州以及地方的早期项目进行评估等工作。她的专业领域涉及项目评估、教师专业发展、儿童和青少年成长（婴幼儿、学前儿童、青少年）、课程设计（视觉艺术、数学、读写、亲子交流）、工具开发（项目评价工具和儿童评价工具）。爱泼斯坦博士已经出版、发表了大量针对早期教育研究者和从业者的专业著作和文章。她拥有密歇根大学发展心理学博士和东密歇根大学艺术硕士学位。

苏珊娜·盖斯莉（Suzanne Gainsley）是高瞻认证教师，她自 1998 年来一直在高瞻教育研究基金会示范幼儿园任教。她同时也在不同的托幼机构担任婴幼儿和学前儿童教师及助理主管。

后 记

　　学前教育作为基础教育之基础，承担着幼儿科学素质启蒙的任务，而数学对幼儿科学素质的养成具有重要价值和意义。高瞻课程因其立足儿童关键经验选择课程内容，强调教师的指导作用，具较强的操作性等特点，在世界幼儿教育领域得到广泛的推介和好评。我们在这种背景下翻译了高瞻课程幼儿园数学领域教学的优秀著作，希冀为我国幼儿园教学实践提供镜鉴。

　　本书的翻译工作由霍力岩组织协调和具体指导，实际翻译工作是研究团队集体智慧的结晶，具体分工如下：目录、关键术语由霍力岩翻译，前言、引言部分由姜珊珊翻译；第一章由叶丽莎翻译；第二章由王丽翻译；第三章由鲁晓艳翻译；第四章、附录由华春沁翻译；第五章由武茜璇翻译；第六章由袁娟翻译。在第一轮翻译结束后，以"信、达、雅"为指导原则，霍力岩对文稿进行了两轮相互校译工作。霍力岩对文中关键术语、词句进行了第三轮的校译，并对最终文稿进行修订和润色。姜珊珊、华春沁、鲁晓艳三位同学为本书翻译工作的顺利完成作出了贡献，其中姜珊珊负责了前期的统筹协调，华春沁负责前期的统稿，鲁晓艳对翻译工作的具体安排协调提出了建议。

　　由于精力和能力有限，尽管数易其稿，反复斟酌，仍难免疏漏，还请同行和读者批评指正。

译者
于北京师范大学
2012 年 4 月 15 日

出版人　　所广一
责任编辑　孙冬梅
版式设计　沈晓萌
责任校对　贾静芳
责任印制　叶小峰

图书在版编目（CIP）数据

我比你大，我五岁：学前儿童数学能力的发展／
（美）爱泼斯坦著；霍力岩等译．—北京：教育科学出
版社，2012.6（2022.8重印）
（高瞻课程的理论与实践／霍力岩主编）
书名原文：I'm Older Than You. I'm Five! Math
in the Preschool Classroom
　ISBN 978-7-5041-6513-8

　Ⅰ.①我⋯　Ⅱ.①爱⋯②霍⋯　Ⅲ.①数学课—教学
研究—学前教育　Ⅳ.①G613.4

中国版本图书馆 CIP 数据核字（2018）第 120370 号
北京市版权局著作权合同登记 图字：01-2009-3893 号

高瞻课程的理论与实践

我比你大，我五岁——学前儿童数学能力的发展
WO BI NI DA, WO WUSUI——XUEQIAN ERTONG SHUXUE NENGLI DE FAZHAN

出版发行	**教育科学出版社**			
社　址	北京·朝阳区安慧北里安园甲9号	市场部电话	010-64989572
邮　编	100101	编辑部电话	010-64989395
传　真	010-64891796	网　址	http://www.esph.com.cn
经　销	各地新华书店		
制　作	北京金奥都图文制作中心		
印　刷	保定市中画美凯印刷有限公司		
开　本	720毫米×1020毫米　1/16	版　次	2012年6月第1版
印　张	17	印　次	2022年8月第7次印刷
字　数	228千	定　价	49.00元

如有印装质量问题，请到所购图书销售部门联系调换。